AF509689

LA TERRE PROMISE

COMÉDIE-VAUDEVILLE EN TROIS ACTES

PAR

MM. A. DURANTIN et R. DESLANDES

REPRÉSENTÉE, POUR LA PREMIÈRE FOIS, A PARIS, SUR LE THÉATRE DU VAUDEVILLE, LE **24** JANVIER **1853**.

DISTRIBUTION DE LA PIÈCE.

VALENTIN BONAMY, médecin. . . . . MM. FÉLIX.	AMBROISE, domestique d'Henri. . . . . ROGER.
LE BARON DE LUSSAN. . . . . HIPPOLYTE.	UN DOMESTIQUE. . . . . HÉBERT.
ADRIEN DE PERNY, frère d'Hélène. . . . . . LAGRANGE.	VALÉRIE, femme d'Henri. . . . . Mme SAINT-MARC.
HERMÈS, ami de Valentin. . . . . LÉONCE.	HÉLÈNE, femme du Baron. . . . . FARGUEIL.
HENRI D'AUBIGNY. . . . . ALLIÉ.	OLYMPE, femme de Valentin. . . . . WORMS.

La scène se passe après 1830.

Acte premier.

La scène se passe à Crépy, chez Valentin:

Salon. — Portes au fond et des deux côtés. — A gauche, une chaise longue, ou une causeuse. — Au milieu, une petite table ronde; — A droite, un petit bureau.

SCÈNE I.

VALÉRIE, OLYMPE, HENRI, VALENTIN.

(Au lever du rideau, Valérie est assise à côte d'Olympe qui brode, et Henri est appuyé sur la causeuse. — Valentin est assis du côté opposé devant son bureau. — Un domestique entre portant un plateau chargé d'un déjeûner au chocolat; il le place devant Valentin.

OLYMPE *se lève et va secouer Valentin qui dort.*

Valentin !... Valentin !...

VALENTIN, *éveillé en sursaut.*

Hein?... Qui est-ce qui sonne?

HENRI, *riant et venant s'asseoir à côté de sa femme.*

Quel dormeur!... même à table!... serais-tu de la famille de la Belle-au-bois-dormant?

VALÉRIE, *riant aussi.*

Voilà huit jours que nous sommes chez vous, et je ne vous ai pas encore vu complètement éveillé... Pourquoi donc dormez-vous toujours?

VALENTIN, *bâillant.*

Parce que je ne dors jamais.

OLYMPE, *qui est allée s'asseoir et broder devant la table du milieu.*

Quel paradoxe!

VALENTIN.

Ose dire le contraire... depuis trois mois, je suis le médecin le plus malheureux du département de l'Oise... mes malades courent après moi toute la journée, et me font courir après eux toute la nuit.

VALÉRIE.

Quel métier faites-vous là, cher cousin?

VALENTIN, *se levant.*

Eh ! le mien, parbleu !... c'est bien ce dont j'enrage !... moi, paresseux par nature, moi qui ne suis heureux qu'au coin de mon feu, avec ma veste et mes pantoufles, j'ai le malheur d'avoir la plus nombreuse clientèle...

HENRI.

Plains-toi donc !

VALENTIN.

Oui, je me plains !... je m'étais retiré à Crépy... une ville paisible... douée des plus saines conditions hygiéniques... et je devais y trouver le calme... Pendant cinq ans, je coule des jours filés d'amour légitime et de paresse... Et voilà que tout-à-coup une réputation immense, inouïe, vient m'assaillir... mon nom ignoré vole de bouche en bouche, tous les invalides du canton sonnent à ma porte, et chaque jour j'éreinte deux chevaux... sans me compter... pour le plus grand soulagement de l'humanité.

VALÉRIE.

Cela prouve tout votre mérite.

VALENTIN.

Mais je n'en ai pas !... Je n'en ai pas !... je ne cesse de le répéter à tous mes imbéciles de clients !... Mais bast !... plus je leur crie que je suis un âne... plus ils prônent que je suis un aigle !... Jusque dans les journaux du département,... où l'on donne mon adresse... où l'on publie mes cures merveilleuses... (*Prenant un journal sur la table.*) Tenez... lisez le numéro d'aujourd'hui... (*Lisant.*) « Le célèbre docteur Valentin Bonamy, la providence de « notre arrondissement, fier de consacrer sa science aux malheu- « reux, s'est décidé à leur donner des consultations gratui- « tes... et des bouillons à domicile. »

OLYMPE, *se levant et lui serrant la main d'un air attendri.*

Oh ! c'est bien, cela, mon ami...

VALENTIN.

Mais non, mais non... ça n'est pas !... il me pleuvrait des milliers de malades... gratuits !... Je vais écrire à cet infâme pamphlétaire... (*Il va au bureau.*)

OLYMPE.

Valentin !... tu vas te faire des ennemis...

VALENTIN.

Voilà ton éternel refrain !... C'est avec cela que tu me retiens... que je n'ai plus une minute de repos... que tu me fais quitter ma table quand je dîne, la rivière quand je pêche, et mon lit quand je dors !... Je suis rompu, éreinté, exténué ! mon cabinet ne désemplit pas... et ma sonnette a résolu le problème du mouvement perpétuel.

(*On entend sonner à gauche*).

Eh ! tenez... justement... un client !

OLYMPE.

Un malheureux qui souffre...

VALENTIN.

Qui souffre !... et moi donc... je n'ai pas déjeûné...

OLYMPE, *l'arrêtant au moment où il s'apprête à manger.*

Oh ! tu ne peux le laisser à la porte.

VALENTIN.

Mais mon chocolat !

(*On sonne encore.*)

OLYMPE.

On t'accuserait d'inhumanité.

VALENTIN, *jetant sa serviette avec rage.*

Sapristi ! sonnette du diable !

(*On sonne toujours.*)

Mais il va la casser !... On y va, morbleu ! on y va !..

(*Il entre rapidement à gauche.*)

SCÈNE II.

HENRI, OLYMPE, VALÉRIE.

OLYMPE, *riant.*

Ha ! ha ! ha !...

VALÉRIE.

Comment !... tu ris ?

HENRI.

Lorsque ce pauvre Valentin semble à l'agonie...

OLYMPE.

Si vous saviez... ah ! ah ! ah !...

HENRI.

Parlez.

OLYMPE.

Ces malades !... ha ! ha ! ha !...

VALÉRIE.

Eh bien ?...

OLYMPE.

C'est à moi qu'il les doit.

HENRI.

A vous !...

VALÉRIE.

Mais pourquoi ?...

OLYMPE.

Parce que je veux aller à Paris.

HENRI.

Expliquez-vous plus clairement.

OLYMPE.

Volontiers... Vous le savez, j'ai le plus vif désir d'habiter Paris, de connaître enfin ce monde de plaisirs et de fêtes, d'aller chaque soir à l'Opéra, aux Italiens, au concert... Valentin s'y refuse ; mais ce que femme veut...

HENRI.

Le diable le lui donne... oh ! je devine maintenant... Ces réclames de journaux ?...

OLYMPE.

C'est moi qui les paie....

VALÉRIE.

Ces visites nuit et jour ?...

OLYMPE.

C'est encore moi qui les fais recruter... j'ai juré de lui faire prendre la province en horreur, et de l'entraîner à Paris... Chut ! le voici...

SCÈNE III.

HENRI, VALENTIN, OLYMPE, VALÉRIE.

VALENTIN, *à la cantonnade et venant de gauche.*

Allez au diable !...

VALÉRIE.

Quelle colère !

VALENTIN.

Me déranger pour rien... une maladie ridicule !... (*A Henri.*) Un abus de poires et de raisins. C'est encore Hermès qui m'a envoyé celui-là.

OLYMPE.

Pauvre Hermès !... quel zèle pour toi !... tu es son Dieu, son docteur, comme il dit avec orgueil.

VALENTIN.

Oui, *son* docteur, pour lequel il fait chaque jour, malgré moi, dans nos environs une véritable chasse aux malades.

Air de l'Ecu de six francs.

Point de pieds-bots, de rhumatisme,
Qui puisse échapper à ses yeux ;
Il m'amène avec fanatisme,
Tortus, bancals, bossus, goutteux,
Tout enfin... jusqu'aux chiens boîteux.
Hermès ne connaît point d'obstacles,
Et, si je lui cède aujourd'hui,
Ma maison bientôt, grâce à lui,
Deviendra la cour des miracles !

OLYMPE.

C'est vrai... il tombe en arrêt sur toutes les fièvres du canton.

VALENTIN.

Et il me les rapporte... c'est mon bourreau !... Hermès n'a que deux passions : la médecine et moi-même... moi, l'incarnation d'Esculape à ses yeux !

OLYMPE.

Que ne vas-tu à Paris ?... tous tes ennuis cesseraient.

VALÉRIE.

Oui, que n'allez-vous à Paris ?

VALENTIN, *assis devant son bureau et essayant de déjeûner.*

Mais, aller à Paris !... me lancer au milieu de ces avalanches d'omnibus qui vous rompent la tête, de ce déluge de badauds qui vous écrasent les pieds !... aller à Paris ! dans cette ville maudite où l'on se couche le matin, où l'on se lève le soir, où l'asphalte a remplacé le gazon, et où le gaz hydrogène détrône le soleil !... allons donc ! j'y ai suivi pendant cinq ans mes cours de chimie et d'amphithéâtre... on ne m'y reprendra plus !... si du moins Henri s'y trouvait !...

HENRI, *assis sur la causeuse.*

Moi !... le ciel m'en garde !

OLYMPE *brode a la table du milieu, ainsi que Valérie.*

Paris, cependant, vous offrait un brillant avenir... secrétaire d'un député, du baron Delussan, la carrière diplomatique s'ouvrait devant vous...

HENRI.

Lorsque 1830 vint, il y a six mois, emporter mes espérances avec mon protecteur, monsieur de Lussan s'est éloigné du monde politique, si bien même que je n'ai pu lui annoncer encore mon mariage, et désormais je renonce à tout pour ne m'occuper que du bonheur de ma chère Valérie. (*Il s'est levé et vient prendre la main de Valérie, assise a la table du milieu.*)

VALÉRIE.

Et je t'approuve... tu as raison, Henri.

VALENTIN *se leve, sa serviette à la main.*

Tu as tort, ton protecteur, monsieur de Lussan, vient de signer sa paix avec la nouvelle cour, en acceptant un fauteuil au Luxembourg... fais comme lui, ne boude plus, et reprends la route de la capitale, Valérie en sera enchantée.

HENRI, *vivement et lui faisant des signes.*

Y penses-tu ?... Valérie serait malheureuse au contraire; pour elle, Paris serait un enfer !... partout, le bruit, l'éclat, le vertige !... des fêtes qui séparent, des bals qui fatiguent, des réceptions qui tuent, des femmes mariées dont on n'a jamais connu l'époux, et des maris auxquels on ne connaît que trop de femmes !

OLYMPE.

Quel tableau !

VALÉRIE.

Oh ! nous n'irons pas !... partons pour l'Italie, comme tu le veux.

VALENTIN.

Quelle folie !... à votre place, cousine, je ne voudrais pas...

HENRI, *avec humeur et redoublant ses signes.*

C'est bien... assez... (*A Valérie.*) Va mettre ton châle, ton chapeau... nous terminerons nos acquisitions... je veux partir demain. (*A part.*) Je ne serai tranquille qu'à Rome.

ENSEMBLE.

Air de la *Polka d'Auvergne.*

HENRI.	VALÉRIE.
Il est prudent que je sorte	Paris, ou non .. que m'importe,
Pour fuir un fâcheux avis ;	Si le bonheur nous sourit ?
Ah ! que le diable m'emporte,	N'est-il donc pas où l'apporte
Peut-il parler de Paris?	L'amour près de mon mari?

OLYMPE.	VALENTIN.
Pourquoi veut-il qu'elle sorte	Pourquoi veut-il qu'elle sorte ?
Sans écouter nos avis ?	Pourquoi veut-il fuir Paris ?
Certes il faut que je l'emporte!	Quel caractère !... il s'emporte
Je veux aller à Paris!	Contre mes meilleurs avis.

(*Elles sortent par la droite.*)

SCÈNE IV.

HENRI, VALENTIN.

(*Valentin vient se remettre à son bureau pour déjeûner*).

HENRI, *l'arrêtant.*

Sais-tu que tu es l'ami le plus insupportable, le plus maladroit? N'as-tu pas vu mes signes? (*Il le force a se lever.*)

VALENTIN.

Si fait... mais je ne les ai pas compris... Je ne suis ni un disciple de l'abbé Sicard, ni un employé du télégraphe. (*Il fait un mouvement pour aller déjeûner*).

HENRI, *le retenant.*

Rends-moi un service... N'engage jamais Valérie à venir à Paris.

VALENTIN.

Pourquoi ?... Pourquoi ne pas y mener ta femme?

HENRI, *après avoir réfléchi.*

C'est que je crains d'en rencontrer une autre.

VALENTIN, *surpris.*

Bah !... ah ! c'est... Diable ! je comprends le télégraphe maintenant.

HENRI.

Oui, mon cher Valentin, quelques années avant mon mariage j'avais rencontré dans le monde une jeune veuve, et j'espérais avoir trouvé dans son amour un éternel bonheur... mais son caractère impérieux me fit réfléchir... je fus effrayé de l'étrange influence que je subissais.

VALENTIN.

Il y a de quoi, un tyran domestique! oh ! (*Chantant.*) Guerre aux tyrans !...

HENRI.

Ecoute-moi donc... Forcé de partir pour les colonies, je me trouvai séparé de celle qui avait tant d'empire sur moi... et j'appris que, sollicitée par sa famille, elle s'était mariée pendant mon voyage.

VALENTIN.

Mariée !... comme toi !... dès-lors, plus de dangers.

HENRI.

Mille fois plus, au contraire... il s'agit du repos de mon ménage qu'un éclat compromettrait.

VALENTIN.

Et le nom de cette situation délicate?

HENRI.

Oh ! j'ose à peine te le dire... c'était...

VALENTIN.

Silence, ta femme.

SCÈNE V.

LES MÊMES, OLYMPE.

OLYMPE, *elle entre de droite.*

Valérie est prête...

HENRI.

Je cours la rejoindre...

VALENTIN, *bas.*

Tu me diras le nom plus tard.

HENRI, *bas.*

Oui... mais pas un mot à Olympe...

VALENTIN, *de même.*

Oh ! je suis tout mystère pour elle !

(*Henri sort par la droite.*)

OLYMPE.

Qu'est-ce que vous complotiez là tout bas?

VALENTIN.

Rien, chère amie, rien... Henri me rappelait que je n'ai pas encore déjeûné, et je vais... Quel est ce bruit?

HERMÈS, *au dehors, à gauche.*

Venez, monsieur, venez.

OLYMPE.

C'est la voix d'Hermès...

VALENTIN, *courant au fond à gauche.*

Il m'amène encore un malade!... Et mon chocolat!... Je n'y suis pas!... dis que je n'y suis pas. (*Il revient pour déjeûner.*)

OLYMPE.

Il est trop tard... les voici...

SCÈNE VI.

ADRIEN, HERMÈS, OLYMPE, VALENTIN.

HERMÈS, *un parapluie et un livre à la main.*

Entrez, monsieur, entrez.... mon docteur est chez lui.... le voici.

OLYMPE, *à part.*

Quel air radieux !... Hermès a fait bonne chasse.

HERMÈS, *à part, avec joie.*

Encore un !

ADRIEN.

Je suis confus de vous déranger, monsieur... pendant que nous relayions à la poste, ma sœur a été prise d'un évanouissement subit qui nous a fort effrayés.

VALENTIN, *qui essaie de déjeûner.*

Très bien, très bien... j'y cours... mais je suis à jeûn... soufflez... (*A Olympe qui a porté le chocolat dans la pièce à droite.*) Et mon chocolat?

OLYMPE.

Il était froid.

VALENTIN, *à mi-voix.*

Je l'aime mieux froid que pas du tout.

OLYMPE.

Oh! mon ami, une dame évanouie...

VALENTIN.

Mais moi aussi je vais m'évanouir. Ah! j'aurai plus tôt fait d'aller moi-même... (*Il remonte la scène, le baron entre avec Hélène.*)

SCÈNE VII.

HERMÈS, ADRIEN, HÉLÈNE, LE BARON, VALENTIN, OLYMPE.

(*Ils viennent de gauche.*)

LE BARON, *donnant le bras à Hélène.*

Restez, docteur... ce n'est rien... (*Hélène s'assied sur la causeuse à gauche.*)

VALENTIN, *à part.*

Ma foi!... tant mieux pour moi. (*Haut.*) Madame se trouve ?...

HÉLÈNE.

Mieux... merci... quelques minutes de repos... si vous le permettez...

OLYMPE.

C'est nous faire plaisir.

VALENTIN, *à part.*

Oh! plaisir...

LE BARON.

Je le disais bien... ce n'était qu'un simple étourdissement... madame y est fort sujette depuis quelque temps... (*Montrant Hermès.*) Mais monsieur avait eu la bonté de persuader à madame la baronne que cet accident pouvait devenir grave.

OLYMPE, *à part.*

J'en étais sûre.

VALENTIN, *à part.*

Ça ne pouvait pas manquer.

HERMÈS, *très-gravement.*

Syncope prolongée... symptômes alarmants...

VALENTIN, *vivement.*

Qui ont eu peur du médecin... Madame est entièrement remise... et la distraction du voyage achèvera la guérison.

HÉLÈNE, *se levant.*

En effet, je me sens mieux... et nous pouvons continuer notre route vers Paris.

ADRIEN.

C'est peut-être imprudent, ma sœur.

HERMÈS.

Les rechutes sont mor'elles.

VALENTIN, *à part.*

Il ne se taira pas, ce mauvais carabin!

LE BARON.

Sans doute ; mais nous craignons de vous gêner... (*Montrant Hermès.*) Monsieur nous a dit que vous attendiez des étrangers...

OLYMPE.

Des étrangers !... non pas... des amis, au contraire.

VALENTIN, *à part.*

Est-ce qu'elle va les retenir?

OLYMPE.

De bons parents... l'ancien secrétaire d'un député... du baron de Lussan...

LE BARON.

L'ancien secrétaire... Henri d'Aubigny !

HÉLÈNE, *à part.*

Henri !

OLYMPE.

Vous le connaissez?

ADRIEN, *riant.*

Monsieur le baron est précisément le baron de Lussan.

OLYMPE.

Oh quel bonheur! qu'Henri sera content... il ne parle de vous qu'avec reconnaissance... vous étiez son patron, son protecteur...

LE BARON.

Dites plus... son ami... et je le suis encore... bien que depuis notre séparation je n'aie reçu aucune nouvelle de lui.

OLYMPE.

Prouvez-lui donc cette amitié, monsieur... restez avec nous.

VALENTIN, *à part.*

Elle va loger mes malades.

OLYMPE.

Déjeûnez avec Henri.

VALENTIN, *à part.*

Elle va les nourrir !

OLYMPE.

Grondez sa paresse, et si vous lui refusez son pardon, je suis sûre que sa femme l'obtiendra.

HÉLÈNE, *tressaillant.*

Sa femme !... monsieur Henri d'Aubigny, marié !...

LE BARON.

Marié !

OLYMPE, *au baron.*

Avec la fille d'un de vos anciens collègues, monsieur Merville, député des colonies...

ADRIEN.

Mademoiselle Valérie?... la plus jolie créole !...

OLYMPE.

Justement...

LE BARON.

Une jeune fille charmante... madame la baronne l'avait prise en grande affection... Eh bien, qu'avez-vous donc ma chère amie ?

HÉLÈNE, *qui a pâli.*

Rien... ce n'est rien...

VALENTIN, *à part.*

Allons, bien, la voilà malade à présent.

HERMÈS.

Voilà la crise que je prévoyais... une petite saignée... (*Il tire une lancette d'un étui ; chacun s'empresse autour d'Hélène.*)

UN DOMESTIQUE, *entrant par le fond.*

La berline de monsieur le baron est prête.

LE BARON.

Fort bien... le voyage va dissiper cette légère indisposition.

HÉLÈNE.

Je crains de ne pouvoir continuer, monsieur, je me sens fort souffrante.

LE BARON.

Mais je suis attendu à Paris, madame... je tiens à présenter au ministre comme secrétaire-général un homme à moi, et j'ai promis cette place au fils d'un de mes vieux amis.

HÉLÈNE.

Que ne lui écrivez-vous?

OLYMPE, *qui a remonté parler au valet au fond, pendant que le baron parle.*

Eh bien... acceptez-vous notre invitation d'aussi bon cœur qu'elle vous est faite?

VALENTIN, *à part.*

Elle n'en démordra pas.

OLYMPE.

Par ordonnance de votre médecin.

HÉLÈNE.

J'obéis à la Faculté... consentez-vous, monsieur?

LE BARON.

Puisque vous le voulez... mais il faut que j'écrive au plus vite.

OLYMPE.

Victoire!... vous nous restez...

Air de *Dagobert.* (M. Doche.)

OLYMPE.

Ah! quel bonheur ! vous acceptez, madame,
Je vous conduis à votre appartement !

VALENTIN, *à part.*

Ah! c'est trop fort ! quel ennui, sur mon âme,
Elle leur donne et table et logement !

HÉLÈNE.

Nous acceptons... venez... ton bras, mon frère.

ADRIEN.

Chère malade, appuyez-vous bien là.

LE BARON, *à Adrien.*

Vous me devez servir de secrétaire.

OLYMPE, *qui a passé auprès de Valentin, en remontant.*

Avertis-nous dès qu'Henri reviendra.

ENSEMBLE.

HÉLÈNE, LE BARON, ADRIEN.

Nous acceptons avec plaisir, madame,
Conduisez-nous à notre appartement ;
Puisqu'en ces lieux, l'amitié nous réclame,
Nous retardons notre départ vraiment.

VALENTIN.

Plus de repos désormais si ma femme
Fait un hospice de son appartement.
Ah ! c'est trop fort ! quel ennui ! sur mon âme,
Elle leur donne et table et logement

OLYMPE ET HERMÈS.

Plus de repos désormais, si sa femme
Fait un hospice en son appartement.
Ah ! Valentin enrage sur mon âme,
Tout mon espoir est dans son seul tourment.

(Ils sortent par la droite.)

SCÈNE VIII.

HERMÈS, VALENTIN.

HERMÈS, *à lui-même.*

Quel malheur ! une maladie qui s'annonçait si bien.

VALENTIN, *qui a conduit le baron jusqu'à la porte, et redescend
la scène.*

Et qui s'avise de guérir seule... (*Il le prend par l'oreille.*) Ah !
ça, me feras-tu enfin le plaisir de ne plus aller à la découverte ?
Me laisseras-tu en repos ? Jour et nuit... il faut que je te suive
pour poser des ventouses ou faciliter l'entrée du monde à un
petit citoyen.

HERMÈS.

Vous devez être fier de vous dévouer à l'humanité, docteur.

VALENTIN.

Je ne suis jamais fier de quitter mon lit bien chaud, et de re-
trouver mon dîner froid. Henri !... enfin !

SCÈNE IX.

VALENTIN, HENRI, HERMÈS

VALENTIN.

Arrive, arrive... tu vas être enchanté...

HENRI *entre de droite.*

Moi !...

VALENTIN.

Mais, d'abord, où est ta femme ?

HENRI.

Auprès d'Olympe... elle vient de me quitter.

VALENTIN.

Auprès d'Olympe !... oh ! dès-lors, elle va les voir avant toi...

HENRI.

Les voir !... qui donc ?...

VALENTIN.

Monsieur et madame de Lussan !

HENRI, *avec explosion.*

Madame de Lussan !... madame de Lussan ici !...

VALENTIN.

Oui... et ta femme doit être avec elle maintenant.

HENRI, *chancelant.*

Ma femme !...

VALENTIN.

Eh bien ! qu'as-tu donc ?

HERMÈS.

Une faiblesse ! quel bonheur !... une petite saignée !...

VALENTIN.

Encore un qui se trouve mal !... ah ! ça, c'est donc une épi-
démie ?...

HENRI.

Ce n'est rien... la surprise... le...

VALENTIN.

La joie !...

HENRI.

Oui, la joie... aussi, je vais...

VALENTIN

Où donc ?

HENRI.

Presser notre départ.

VALENTIN, *le retenant.*

Quelle plaisanterie !

HENRI.

Non, une lettre que je viens de recevoir... je vais faire pré-
venir Valérie...

VALENTIN, *le faisant passer à sa gauche.*

Y penses-tu ?... sans voir le baron... sans lui présenter ta
femme... je m'y oppose...

HENRI.

Mais...

VALENTIN.

Tu es mon prisonnier... Hermès, que l'on ferme la grille !...

HENRI.

Ah ! morbleu !...

VALENTIN.

Ne t'emporte pas, où je te fais saigner par Hermès !

HENRI.

C'est trop fort, et je vais...

HERMÈS, *au fond.*

Madame de Lussan !...

HENRI, *à part.*

Hélène !... je suis perdu !

SCÈNE X.

HENRI, VALENTIN, HÉLÈNE, HERMÈS.

VALENTIN.

Ah ! madame la baronne !... venez vite... Henri veut nous
quitter...

HÉLÈNE, *entrée de droite.*

Se peut-il ?... Lorsque je viens à peine d'embrasser notre
chère Valérie...

HENRI, *vivement.*

Quoi !... vous avez vu ?

HÉLÈNE, *froidement.*

Votre femme, oui, monsieur... Il a bien fallu qu'elle se pré-
sentât elle-même, puisque vous n'avez pas daigné nous faire
part de votre mariage.

HENRI.

Croyez-bien, madame...

VALENTIN.

C'est cela... grondez-le... faites-lui entendre raison... il m'a
égrené tout un chapelet de folies... mais retenez-le ici de gré
ou de force... Je cours auprès de sa femme...

HENRI, *à part.*

Reste...

(*On entend sonner à gauche*).

VALENTIN.

Impossible... tu entends... mon cauchemar... Oh ! quel supplice !...

HERMÈS, *avec joie, au fond, près de la porte de gauche.*

Vite, docteur... on sonne, encore un malade !...

VALENTIN, *l'imitant.*

On sonne ! docteur, on sonne !... Oh ! j'ai toujours bien le
temps... (*Sonnette très fort.*) Morbleu !... on y va... on y va...
(*Il entre dans la chambre de gauche avec Hermès*).

HENRI, *à part.*

Allons, résignons-nous... mais gare un éclat !...

SCÈNE XI.

HENRI, HÉLÈNE.

HÉLÈNE.

Je suis ici, vous le savez... et vous hâtez votre départ, monsieur...

HENRI.

J'ignorais...

HÉLÈNE.

Mon arrivée... non... pas plus que je n'ignore votre mariage...

HENRI.

Et vous êtes surprise que je veuille partir ?

HÉLÈNE.

Sans doute, car le motif m'échappe.

HENRI.

Le motif... n'ai-je pas à craindre des reproches ?... n'ai-je pas
à craindre de ne plus rencontrer en vous qu'une ennemie ?

HÉLÈNE, *le regardant fixement.*

Et si je vous offrais, au lieu de haine, au lieu de reproches, une amitié loyale, sincère ?

HENRI.

Vous...

HÉLÈNE.

Pourquoi non ?... Faut-il donc, parce qu'on ne s'aime plus, se haïr ?.. Pourquoi me fuir en Italie ?.. Qu'avez-vous à redouter de moi ?.. Des reproches ?.. ils seraient inutiles... Ma vengeance ?.. je n'y ai pas même songé... Mon amour peut-être ?.. votre mariage l'a pour toujours étouffé dans mon cœur... Les souvenirs du passé ?.. eh ! mon Dieu, ne les retrouverez-vous pas ailleurs comme ici ?

HENRI, *à part.*

Elle a raison.

HÉLÈNE.

En France, du moins, un avenir nouveau vous attend ; vous étiez pauvre, il y a six mois ; un brillant mariage vous a rendu riche ; toute carrière vous semblait fermée, et trois jours de révolution ne vous laissent que le choix. En ce moment, rien de plus facile que d'obtenir...

HENRI.

Qu'ai-je à désirer désormais ?

HÉLÈNE.

Rien, sans doute... le bonheur vous traite en prodigue... Mais les âmes délicates, comme la vôtre, sont fières de rendre à la jeune et riche héritière une haute position sociale, en échange de sa fortune.

HENRI, *vivement.*

Oh ! c'eût été mon vœu le plus cher, mais le succès est si difficile.

HÉLÈNE.

La carrière n'est-elle pas ouverte à tous ?

HENRI.

La concurrence alors sera grande.

HÉLÈNE.

A tous... c'est-à-dire à ceux qui ont des amis haut placés.

HENRI.

Je ne m'en connais aucun.

HÉLÈNE.

Pardon, puisque j'en ai ; car lorsque l'amour s'en va, n'est-il pas juste qu'il cède sa place à l'amitié... à l'amitié seule... mais dévouée ?

HENRI.

C'est mon plus vif désir.

HÉLÈNE.

Et voyez, la fortune semble venir vous chercher... le baron, en ce moment, peut disposer d'une place de secrétaire général... demandez-la lui... vous savez s'il sera heureux de vous l'accorder... avant un an, vous serez député, et des bancs de la députation, il faut avoir le bras bien court pour ne pas saisir le bout d'un portefeuille.

HENRI.

Une espérance si grande ! ce serait plus que de la présomption. (*A part.*) Je n'ai plus rien à craindre d'elle.

HÉLÈNE, *à part.*

Il réfléchit... il cédera... (*Haut.*) Eh bien ! aurai-je un ami ministre ?

HENRI.

Vous auriez trop d'efforts à faire... puis Valérie a horreur de Paris.

HÉLÈNE.

Est-ce que les femmes refusent rien à l'homme qu'elles aiment ?

HENRI, *avec résolution.*

Eh bien ! j'accepte ; oui, j'accepte franchement cette amitié, cette protection nouvelle... je déciderai Valérie... je verrai monsieur de Lussan.

SCÈNE XII.

HENRI, HÉLÈNE, VALÉRIE.

HÉLÈNE.

Venez, chère Valérie, vous me voyez dans le ravissement... je vous garde cet hiver auprès de moi... nous ne nous quitterons plus.

VALÉRIE.

Comment ?

HENRI, *avec embarras.*

Oui, tu le sais, monsieur le baron est si bon, si affectueux pour moi... madame m'a tant prié... je puis rendre quelques services à monsieur de Lussan, en acceptant une place dont il peut disposer... et dans la crainte de montrer de l'ingratitude...

VALÉRIE.

Tu aurais accepté ?..

HENRI, *vivement.*

Oh ! pas encore... et si tu l'exiges, je suis prêt à refuser...

HÉLÈNE.

Ce serait affliger beaucoup monsieur de Lussan... Il connaît votre dévouement à tous deux... aussi je m'empresse d'aller lui annoncer que vous acceptez, (*A part.*) Il saura la décider.

HENRI, *la reconduisant.*

Dites-lui aussi, madame, que je ne veux rien faire sans le consentement de Valérie.

(*Hélène sort par la droite*).

SCÈNE XIII.

VALÉRIE, HENRI.

(*Valérie s'est assise triste et rêveuse, Henri s'approche d'elle*).

HENRI.

Ma Valérie me garde rancune ?

VALÉRIE.

Moi, mon ami, oh ! non.

HENRI.

Pourquoi cette tristesse ? Le bonheur n'est-il pas partout ?... même à Paris.

VALÉRIE.

C'est possible, mais, j'en conviens, Paris m'effraie.

HENRI, *souriant.*

Enfant !... six mois à Paris... un hiver seulement... et tu seras la première à sourire de cet effroi naïf... Avant un an, je veux que, par ta beauté, ton esprit, tu deviennes la reine de nos salons.

VALÉRIE.

Moi, grand Dieu ! le ciel m'en préserve !

HENRI.

Air : *J'en guette un de mon âge.*

C'est dans ce paradis de fêtes,
Qui, sans partager ta beauté,
Tiendra par le droit de conquête,
Le sceptre de sa royauté.
Oui, tout à Paris est surprise,
Tout est joie et tout est splendeur,
Paris, c'est un monde enchanteur,
Paris, c'est la terre promise !

VALÉRIE.

N'importe, j'ai peur de ce monde que j'ignore, j'ai peur... j'ai peur de te perdre, Henri...

HENRI.

Ces craintes sont folles... si je cédais à tes appréhensions, plus tard, triste, mécontent, je regretterais en secret l'existence inutile à laquelle tu m'aurais condamné.

VALÉRIE, *vivement.*

Oh ! s'il doit en être ainsi, mon ami, j'accepte... je ne serai jamais un obstacle à tes espérances... que veux-tu, cher Henri, je ne sais rien... que t'aimer... et je n'avais pu deviner que l'amour pouvait ne pas suffire au bonheur.

HENRI.

Oh ! merci, merci ! au lieu de prendre la route d'Italie, nous partirons pour Paris.

SCÈNE XIV.

HENRI, LE BARON, VALÉRIE, HÉLÈNE, OLYMPE, ADRIEN, *entrant de droite.*

HÉLÈNE.

Pour Paris !... ainsi notre chère Valérie a consenti ?..

HENRI.

Oui... elle est charmée de se rapprocher de vous, de ses meilleurs amis.

OLYMPE.

Oh ! que tu es heureuse !

LE BARON, *qui lui serre la main.*

Votre nomination paraîtra demain au *Moniteur...* mon cher Henri, la plus brillante carrière s'ouvre devant vous.

ADRIEN, *à Valérie.*

Les salons vont se disputer votre présence, madame. (*A part.*) C'est qu'elle est adorable.

SCÈNE XV.

LE BARON, HENRI, VALENTIN, HERMÈS, VALÉRIE, HÉLÈNE, OLYMPE, ADRIEN.

(*Ils entrent par la gauche.*)

VALENTIN, *tombant assis près de la table du milieu.*)

Encore dix d'expédiés... je suis à moitié mort!

OLYMPE, *lui remettant une liste démesurément longue.*

Voici la liste des visites que tu devras faire aujourd'hui.

VALENTIN, *la déchirant avec rage.*

Quel ruban !... Qu'ils aillent au diable !... je veux ma liberté ! (*Il se lève.*) Hermès, a-t-on suivi mes ordres ?

HERMÈS.

Oui, docteur, voyez.

(*Il ouvre la porte du fond; on aperçoit une table richement servie et éclairée; des valets circulent et servent.*)

TOUS.

Bravo ! bravo !

VALENTIN.

Je porte le premier toast à nos voyageurs...; puisqu'ils veulent nous fuir en Italie.

HENRI.

Non, pas en Italie, Valentin, mais à Paris !

VALENTIN.

A Paris !... toi !.. bah!

OLYMPE.

Ah! si tu voulais ?...

VALENTIN.

Jamais

(*On entend sonner à gauche.*)

OLYMPE, *avec dépit.*

Eh bien! cours donc à tes malades, puisque tu refuses le repos.

VALENTIN.

Le repos ! le repos ! (*Deuxième coup de sonnette.*) Ah! je saurai bien le trouver. (*Il court prendre un couteau sur la table.*)

OLYMPE, *effrayée.*

Où vas-tu ? que veux-tu faire?

TOUS.

Valentin !

VALENTIN, *se précipitant dans la chambre de gauche.*

Laissez-moi ! ne me retenez pas !... c'est trop de persécutions !

OLYMPE.

Oh! mon Dieu! je tremble... que va-t-il faire ?

HENRI.

Oh! je vais...

VALENTIN, *rentrant gravement, le couteau à la main.*

Tout est fini.

TOUS.

Ciel !

VALENTIN, *jetant à terre un cordon de sonnette.*

Je ne l'entendrai plus ! (*Tous rient.*)

OLYMPE.

Mais tu vas te faire des ennemis à Crépy.

VALENTIN.

Crépy ! je le déserte... j'en ai assez... je fuis à Paris !

OLYMPE.

A Paris !... oh ! je vais me trouver mal de plaisir.

VALENTIN, *la soutenant.*

Toi aussi !... et de trois !...

HERMÈS, *d'un ton sentencieux.*

Paris!... agglomération de population.... air concentré... beaucoup de malades !... la belle ville !

HENRI. *riant.*

Comment, tu as cédé, Valentin ?

VALENTIN.

Dame ! résistez donc à une femme qui boude, et qui vous tourne le dos.

HERMÈS.

C'est un remède héroïque !

VALÉRIE, *à Hélène et au baron.*

Vous serez mon guide, mon appui dans cette vilaine ville.

OLYMPE.

Comme je vais m'amuser !... chaque nuit... au bal !

VALENTIN.

Comme je vais m'ennuyer !

HERMÈS.

Docteur, nous irons tous les jours à l'hôpital!

ADRIEN.

Docteur, je vous conduirai tous les soirs au théâtre.

VALENTIN.

L'hôpital !... le bal !... le théâtre !... quel mélange ! Allons déjeûner !... à table !... à table !...

TOUS.

A table!

(*Les hommes offrent le bras aux dames; le rideau tombe sur ce tableau.*)

Acte II.

La scène se passe à Paris, chez Henri d'Aubigny:

Salon élégant. — Portes au fond et des deux côtés. — Fenêtre au fond, à droite; cheminée avec glace au fond, à gauche. — Petit sécrétaire élégant à droite. — Table à écrire, à gauche.

SCÈNE I.

HENRI, AMBROISE.

(*Henri entre par le fond, il est suivi d'Ambroise.*)

HENRI, *posant son chapeau et retirant ses gants avec impatience.*

Vous me préviendrez dès que madame sera rentrée.

AMBROISE.

Oui, monsieur. (*Après un moment de silence.*) Monsieur veut-il dîner ?

HENRI, *brusquement.*

Non ! (*On entend le bruit d'une voiture.*) Cette voiture dans la cour de l'hôtel... madame, sans doute ?

AMBROISE, *qui regarde à la fenêtre.*

Non... c'est ce monsieur... ce monsieur si singulier... qui ne parle jamais que médecine, et qui suit monsieur le docteur Bonamy comme une ombre.

HENRI.

Hermès ! (*A part.*) Encore quelque folie de Valentin.

SCÈNE II.

HENRI, HERMÈS. (*Ambroise sort.*)

HERMÈS, *entrant par le fond.*

Monsieur Bonamy n'est-il pas chez vous, monsieur ? voilà trois heures que je le cherche.

HENRI, *assis.*

Est-ce que ce cher docteur aurait oublié de rentrer chez lui ?

HERMÈS.

Précisement... monsieur aura passé la nuit chez un malade... mais lequel ? J'ai couru partout... car madame est dans un état d'irritation...

HENRI.

Cette pauvre Olympe ! elle est si vive.

HERMÈS.

Et si impatiente ! ah monsieur... ce n'est pas une femme...

HENRI.

Comment ce n'est pas...

HERMÈS.

Non, monsieur... c'est le système nerveux en ébullition... elle voulait accourir chez vous, et...

SCÈNE III.

HENRI, OLYMPE, HERMÈS.

OLYMPE, *à la cantonnade, au fond.*

C'est bien, je n'ai pas besoin qu'on m'annonce. (*Entrant.*) Bonjour, Henri. Valentin est ici ?

HENRI, *s'est levé.*

Non, chère cousine... Est-ce que vous ne l'avez pas retrouvé ?

OLYMPE.

Oh ! si vous croyez que ces objets-là se retrouvent au premier coup de baguette... (*Apercevant Hermès.*) Eh bien... qu'est-ce que vous faites là, vous, planté sur vos deux échasses ? mon mari n'était-il pas chez son malade ?

HERMÈS.

Il venait de le quitter, madame.

OLYMPE, *remontant ôter son chapeau devant la glace à la cheminée.*

Allons, hâtez-vous... et dites-lui que je l'attends ici.

HERMÈS.

Oui, madame... (*A part, en sortant.*) C'est un composé de phosphore et de vif-argent que cette femme-là ! (*Haut.*) J'y cours, madame, et je l'amène. (*Il sort par le fond.*)

SCÈNE IV.

HENRI, OLYMPE.

OLYMPE.

Oh ! quel supplice qu'un mari médecin ; j'aimerais mieux un mari malade...

HENRI.

Valentin est fort occupé... sa clientèle...

OLYMPE.

Sa clientèle... il court après.

HENRI.

Bah ! et ce noble réfugié polonais... le major Ragenski ?

OLYMPE.

Oui... parlons-en... c'est le seul, l'unique malade... aussi, lorsque je consulte le registre de notre clientèle... un in-folio presque virginal... et que je lis à chaque page... une visite chez Ragenski, encore une visite chez Ragenski... toujours une visite chez... oh ! ça me prend sur les nerfs ! Et si vous saviez...

HENRI.

Quoi donc encore ?

OLYMPE.

Longtemps Valentin s'est contenté de passer ses journées auprès de ce malade ; mais, depuis un mois, il ne le quitte ni le jour, ni la nuit...

HENRI.

Ni la nuit !...

OLYMPE.

Air du Premier prix.

Que le jour, un mari vous laisse,
C'est déjà peu de charité,
Mais que la nuit il vous délaisse,
C'est par trop d'inhumanité.
Sou absence est continuelle,
Valentin est tant affairé,
Qu'il m'impose la loi cruelle,
D'un veuvage... prématuré !

HENRI, *riant.*

C'est abominable !... mais n'est-ce pas un peu votre faute ?... n'est-ce pas vous qui avez entraîné Valentin à Paris ? mais, alors, vous ne rêviez que bals, concerts, théâtres...

OLYMPE.

Ah ! ça m'a bien réussi, ma foi ! Oui, c'est vrai, je brûlais de connaître ce monde enchanteur... d'applaudir les artistes en vogue... d'assister à la chute des premières représentations ! Deux ans se sont passés... j'ai vu le monde dans ma chambre, mon mari m'a conduite six fois à l'Odéon... et j'ai visité le palais des singes avec Hermès.

HENRI, *riant.*

Quel abus de plaisirs !

OLYMPE.

Oh ! vous avez mieux fait, vous... vous vous amusez. (*Elle s'assied à droite.*)

HENRI.

Moi !... oui, oui... je m'amuse... je m'amuse beaucoup.

OLYMPE.

Comme vous me dites cela... est-ce qu'il y a encore ?...

HENRI.

Il y a... il y a... que ma femme n'est pas rentrée... comme toujours.

OLYMPE.

Juste comme Valentin... eh ! bien !... je l'approuve. Vous n'êtes jamais chez vous.

HENRI, *avec embarras.*

Oh ! moi, c'est bien différent... député depuis un an... directeur général du ministre des affaires étrangères, monsieur de Lussan, je me dois aux intérêts de mon pays.

OLYMPE.

Comme c'est amusant pour une femme !... Mariez-vous donc pour avoir un mari qui épouse... toute la France... D'ailleurs, plaignez-vous à Valérie... ça ne me regarde pas.

HENRI, *venant s'accouder sur son fauteuil.*

Au contraire... de la bouche d'un mari, souvent un conseil est mal venu... mais de vous... que Valérie aime comme une sœur... si vous lui faisiez comprendre qu'on peut s'étonner de de son changement de conduite... elle si simple autrefois, ne rêve plus maintenant que luxe et toilettes... sans cesse hors de sa maison, dans les bals, dans les fêtes...

OLYMPE, *se levant.*

Non, non, cousin... parlez vous-même... il ne fallait pas tant me faire de morale tout à l'heure... et je crois que nous sommes logés à la même enseigne.

HENRI.

Comment ?

OLYMPE.

Sans doute : Valentin est venu malgré lui à Paris, c'est vrai ; mais vous, vous avez jeté Valérie dans le tourbillon du monde, vous l'avez forcée à donner des bals... vous avez fait rayonner à ses yeux les séductions d'un monde inconnu... elle a goûté à l'arbre de science... et, ma foi ! il paraît que les fruits en sont doux.

SCÈNE V.

OLYMPE, VALÉRIE, HENRI.

VALÉRIE, *à un valet au fond.*

Passez chez le joaillier... qu'il m'envoie sa parure... ah ! acquittez les dentelles que j'ai fait apporter... Olympe ! quel bonheur ! que n'étais-tu avec nous ! j'arrive du bois avec madame de Lussan... que tu te serais amusée !

OLYMPE.

Ne me dis pas cela, où je prends Valentin en exécration.

VALÉRIE.

Ah ! c'est toi, mon ami... est-ce que tu m'as attendue ?

HENRI, *avec humeur.*

Sans doute.

VALÉRIE.

Que je suis désolée... j'ai dîné chez Hélène... tu peux te faire servir.

HENRI.

Merci ! je n'ai plus faim.

VALÉRIE.

Comme tu voudras... mais je dois me hâter... nous avons ce soir la loge du ministre pour les Italiens... Rubini, Lablache, la Grisi, les étoiles des Bouffes !... Hélène et le baron vont venir me prendre.

HENRI.

Eh quoi ! sortir encore !

VALÉRIE.

Mais oui.

HENRI.

Comme c'est amusant !

VALÉRIE.

Olympe, je t'enlève.

OLYMPE.

Vrai... Oh ! quelle jolie soirée !... mais mon mari ?

VALÉRIE.

Nous l'enlevons aussi.

OLYMPE.

Si tu pouvais seulement me le découvrir...

VALÉRIE.

Il est donc perdu?

OLYMPE.

Comme un bijou de prix... on voit bien que tu le rencontres rarement, ma bonne... Ah! comme il est changé depuis deux ans! une métamorphose complète.

VALENTIN, *au dehors.*

Henri est chez lui... fort bien.

OLYMPE.

Le voici, enfin... (*Elles remontent près de la cheminée.*)

SCÈNE VI.

OLYMPE, VALÉRIE, VALENTIN, HENRI.

VALENTIN, *costume tres-élégant; bottes vernies, jonc à la main. Il entre d'un air tres-dégagé en fredonnant.*

Air connu.
C'est à table quand je m'enivre
De gaîté, de vin et d'amour...

Eh! bonjour, cher... je viens te surprendre... (*A un valet qui le suit.*) Attrape cela, mon drôle... (*Il lui jette son par-dessus.*) Qu'on le place dans mon coupé... allons, va... (*Apercevant Valérie qui est redescendue.*) Eh! salut, belle cousine, je ne m'attendais pas...

OLYMPE, *qui était près de la cheminée, redescend.*

A nous trouver ici...

VALENTIN. *

Tiens! ma femme! (*L'embrassant.*) Que j'accomplisse ce légitime devoir.

OLYMPE.

Pourquoi n'es-tu pas rentré cette nuit? d'où sors-tu? pourquoi venir ici? pourquoi?...

VALENTIN.

Ta! ta! ta! pourquoi! pourquoi! en voilà des pourquoi! C'est bien simple... (*A part.*) Je ne sais que répondre?

HENRI, *vivement.*

Tu auras craint que je ne fusse indisposé?

VALENTIN.

Sans doute... tu toussais hier... et les irritations du larynx... pour un député... à la tribune... c'est grave... ça grève le budget d'une foule de verres d'eau sucrée... (*Bas à Henri.*) Je voudrais te parler seul, cher.

VALÉRIE, *riant.*

Et vous veniez en prescrire?

VALENTIN.

En sortant de chez mon malade... cette noble victime de l'autocrate.

OLYMPE, *impatiente.*

Ton malade! ton malade! il ne te laisse plus un instant de repos, ton malade... c'est pire que ta sonnette de Crépy... Il finira bientôt par tuer son médecin.

VALENTIN.

Un médecin se doit à l'humanité.

OLYMPE.

Eh bien! est-ce que je ne fais plus partie de l'humanité!... Mais je suis généreuse... je t'offre ton pardon...

VALENTIN, *à part.*

Une corvée (*Haut.*) J'accepte.

OLYMPE.

Valérie se rend aux Italiens avec monsieur et madame de Lussan... monsieur mon docteur veut-il que je l'accompagne? mon pouls le permet-il? (*Elle lui tend la main.*)

VALÉRIE.

Ton docteur, c'est moi.

VALENTIN.

Ne la mettez pas au régime des Italiens ni de l'Opéra.

VALÉRIE.

Peut-être... Olympe, que je te fasse voir ma toilette.

OLYMPE, *a Valérie.*

Me voici... (*Elles entrent toutes deux à gauche dans l'appartement de Valérie. — A Valentin.*) Attends-moi, surtout!

VALENTIN, *les suivant.*

Mais mon malade, chère amie, mon malade, cette noble victime de l'autocrate.

HENRI, VALENTIN.

HENRI *l'amène sur le devant de la scene en riant, Valentin le regarde avec étonnement.*

Ton malade! à propos, docteur... comment se porte cette chère malade?

VALENTIN.

Tu veux dire... ce cher malade! il est...

HENRI.

Farceur! oh! tu vas bien, très-bien même.

VALENTIN, *lui donnant la main.*

Mais oui, pas mal... et toi?

HENRI.

Un aplomb dans le mensonge! l'histoire de la Pologne surtout, est d'une invention héroïque.

VALENTIN, *plus embarrassé.*

Ah! tu trouves, mon bon.

HENRI, *riant.*

Ha! ha!... ce pauvre docteur!... je te fais mon compliment, du reste... la petite est fort gentille... cette chère Octavie!

VALENTIN, *effrayé.*

Chut! malheureux! et ma femme!

HENRI, *riant.*

Infâme scélérat!

VALENTIN, *avec explosion.*

Eh bien! oui.... je suis un scélérat... mais comment diable as-tu découvert?

HENRI.

Tes aventures avec cette vertu du corps de ballet de l'opéra? par monsieur Adrien de Perny... en sa qualité d'ancien diplomate, c'est la gazette des coulisses... il nous a tout raconté!

VALENTIN.

Tout... ah! l'indiscret! alors je te dirai le reste... Oui, mon ami, cette enchanteresse m'a fasciné. Habitué aux robes vertueuses de Crépy, aux guimpes hermétiquement pudibondes... je me suis trouvé sans défense devant ces jupes de l'Opéra qui finissent avant d'avoir commencé.

HENRI.

Mais ton ménage, malheureux?

VALENTIN.

Mon ménage! oh! ça... c'est sacré!... jamais...

HENRI, *riant.*

Bien.

VALENTIN.

Mais c'est d'une uniformité somnifère; chez Octavie au contraire... c'est l'imprévu... des scènes d'Othello... sans poignard, et des évanouissements... et des raccommodements... et des pirouettes renversées comme ça... (*Il se pose.*) avec un ballonné! ah! c'est irrésistible!

Air : *l'Huissier que je hais, que je brave* (Roger Bontemps.)

Quel éclat! lorsqu'elle déploie,
Vrai lutin,
Sa taille qui frétille et ploie
Sous la main.
Tout : pied mignon, jambe assassine
Est parfait;
Mais combien mieux ce qu'on devine,
Te plairait!
Elle fait flotter en sa danse
Tant d'appas,
Que le cœur aussitôt s'élance
Sur ses pas.
S'il vivait encore,
Sylphe aux ailes d'or,
Oui Vestris lui-même
De son diadème
T'aurait couronné
Pour ton ballonné!

HENRI, *riant.*

Ha! ha! ha! à merveille!

VALENTIN.

Le tout plus ou moins parsemé de perles et de diamants... Octavie a horreur du faux... à ses yeux, rien n'est beau que le vrai, le vrai seul est... Aussi à force de lui faire admirer du vrai... j'éprouve le besoin...

HENRI.

De changer de conduite?

VALENTIN.

Non, de t'emprunter cent louis que j'ai perdus chez Octavie cette nuit... ce sera une anticipation sur mon budget... un douzième provisoire.

HENRI, *allant à son secrétaire.*

Tu mènes rondement ta fortune... enfin, ça te regarde !... (*Lui donnant la somme.*) Les voici !

VALENTIN.

Oh ! mon ami, tu ne connais pas le corps de ballet... qu'elle machine pneumatique pour un coffre-fort ! Par bonheur, je souffre en partie double.

HENRI.

Comment cela ?

VALENTIN.

Hermès, tu sais... mon élève, mon carabin, est de moitié dans mes tribulations extra-conjugales... c'est le martyr d'Octavie... c'est mon télégraphe.

HENRI.

Ton télégraphe !

VALENTIN.

C'est Hermès qui marque les heures fatales des crises de mon malade. Madame veut-elle me parler, Hermès accourt... monsieur Ragenski a une crise, s'écrie-t-il... et je vole rue Blanche, 50.

HENRI.

C'est donc pour cela que tu ne fais plus qu'aller et venir.

VALENTIN.

C'est le côté humiliant de la situation... heureusement, Octavie remplace ce soir son chef d'emploi, qui est trop enrhumé pour danser... et ça me donne relâche... je passerai la soirée avec toi...

HENRI.

À merveille.

VALENTIN.

Ah ! tu recevras aujourd'hui un petit paquet pour moi... je l'ai fait adresser chez toi... tu me le remettras en secret, hein ?

HENRI, *riant.*

Une surprise ?

VALENTIN, *soupirant.*

Oui... et toujours du vrai... une affreuse parure composée d'un hectare, quatorze ares, trente-cinq centiares de bois taillis... c'est à dire dix mille francs de diamants et de perles fines... Ah ! que tu es heureux, toi, que ta passion orageuse soit apaisée ! C'est à mon tour que je sais combien coûte un amour... sans garantie du gouvernement... mais tu ne m'as jamais dit le nom...

SCÈNE VIII.

VALENTIN, OLYMPE, VALERIE, HENRI.

VALÉRIE *entre à gauche.*

Vite, docteur, emmenez votre femme... et revenez au plus tôt, nous vous attendons.

VALENTIN.

C'est donc décidé... allons, j'accepte... puisque aussi bien j'ai relâche ce soir.

OLYMPE.

Comment, relâche !

VALENTIN.

Non, je veux dire... puisque mon malade est plus calme.

AMBROISE *entre du fond, portant un petit paquet.*

Ce paquet apporté pour monsieur.

HENRI.

Donnez... (*Déchirant l'enveloppe.*) De quelle part ?

AMBROISE.

De la part de monsieur Forbin, joaillier.

VALÉRIE, *qui a lu l'adresse.*

C'est à votre adresse, docteur.

HENRI, *à part.*

Quel contre-temps !

VALENTIN, *embarrassé.*

Ah ! je sais... oui, je sais ce que c'est... (*A part.*) Les diamants d'Octavie... je suis pris !

OLYMPE, *qui a pris le paquet.*

Le joaillier ! voyons donc... c'est une surprise que tu me ménageais ?

VALENTIN.

Oui, oui... c'est une surprise... (*A part.*) et une terrible !

OLYMPE, *qui a défait le paquet et ouvert un riche écrin.*

Un écrin ! une parure ! des diamants ! Ah ! que tu es aimable !

VALENTIN.

Certes... je suis très-aimable. (*A part.*) O Octavie ! si tu assistais à ce tableau !

VALÉRIE, *examinant l'écrin.*

Des brillants d'une eau superbe... vous avez un goût, docteur...

VALENTIN.

Oh ! oh !

HENRI.

Tu fais bien les choses !

OLYMPE.

J'y songe... cette surprise ! je me l'explique... c'est demain ma fête.

VALENTIN.

Certainement, c'est demain la sainte... (*A part.*) Je consulterai ce soir Mathieu Lænsberg.

OLYMPE, *montrant l'écrin.*

C'est que rien n'est oublié... voyez... jusqu'à mon chiffre : O. B., *Olympe Bonamy* !

VALENTIN, *à part.*

Ou *Octavie Bernard* !

OLYMPE *avec une joie d'enfant.*

Valérie... je veux les avoir demain pour ta soirée. (*Prenant un papier dans l'écrin sous les bijoux.*) Qu'est ceci ?

VALENTIN. *voulant s'en emparer.*

Oh ! rien.

OLYMPE.

La note sans doute... je suis curieuse de savoir... tu te seras ruiné pour moi.

VALENTIN.

Une misère, chère amie.

OLYMPE.

Grand Dieu ! soixante mille francs !

VALENTIN, *à part.*

Maudit joaillier !

VALÉRIE.

C'est exorbitant !

HENRI, *à part.*

Si Valentin se tire de là !

OLYMPE, *lisant.*

Une parure en brillants... autre parure de turquoises... dix huit broches... un jonc... quarante deux bracelets, et cætera, et cætera... le tout fourni depuis janvier jusqu'au premier juin... soixante mille francs.

VALENTIN.

Oh ! c'est d'une prodigalité...

OLYMPE.

M'expliquerez-vous, monsieur ?...

VALENTIN, *hésitant.*

Parbleu ! c'est bien facile, le joaillier s'est trompé.

OLYMPE ET VALÉRIE.

Trompé !

VALENTIN.

Ce n'est pas ma note, il y a erreur *in persona*, comme disent les avocats.

OLYMPE.

Tu vas m'accompagner.

VALENTIN.

Moi ! où donc ?

OLYMPE.

Chez ce joaillier.

VALENTIN.

Quel enfantillage !

HENRI.

Calmez-vous, cousine... tout ceci n'est qu'un malentendu.

VALENTIN.

Je suis victime.

OLYMPE.

Mais alors, pourquoi hésiter à me suivre ?

VALENTIN.

Je n'hésite pas...(*A part.*) Payons d'audace !

OLYMPE, *allant mettre son chapeau.*

Eh bien ! partons.

VALENTIN.

Viens, ma bonne amie, viens... je suis sans peur et sans reproches... comme le chevalier Bayard... je sollicite une enquête.

OLYMPE, *à Valérie près de la cheminée.*

S'il dit vrai... compte sur moi dans une heure pour les Italiens... S'il me trompe... Allons, monsieur... mais allons donc, venez.

VALENTIN.

Me voici... oh ! je marche la tête haute. (*A part.*) Si le joaillier pouvait être mort ! (*Ils sortent par le fond.*)

HENRI, *à part.*

Ils ne reviendront pas.

SCÈNE IX.

VALERIE, HENRI.

VALÉRIE.

Pauvre Olympe ! se croire trompée ! cela doit faire cruellement souffrir !

HENRI, *hésitant.*

Oh ! tout s'expliquera, Valentin ne peut être coupable.

VALÉRIE.

J'en suis persuadée. Ils vont revenir, et je cours à ma toilette.

HENRI.

Tu me quittes encore ?

VALÉRIE.

J'ai promis à madame de Lussan, elle va venir me prendre.

HENRI, *avec jalousie.*

Avec monsieur Adrien de Perny, toujours.

VALÉRIE.

Tu serais jaloux ?

HENRI.

Moi, jaloux ! non... mais monsieur Adrien de Perny ne te quitte plus, il t'accompagne au bois, dans les bals, et la calomnie !

VALÉRIE.

N'est-ce pas ta faute ? Autrefois, Henri... ce n'est pas un reproche... mais c'était toi qui m'accompagnais. Aussi, je ne puis m'empêcher de regretter cette première année passée à Paris... tu me conduisais chaque soir dans ces salons dont j'étais follement effrayée.

Air de Céline.

Je m'en souviens, triste et timide
Dans ces salons je m'avançais,
Et toi, joyeux d'être mon guide,
De ma terreur, tout bas tu me raillais...
Mais maintenant... de ce monde sévère
Je suis l'idole !... il faut bien m'excuser ;...
Tu l'as voulu... c'est, pour te plaire,
Que je consens à m'amuser.

HENRI.

La résignation est douce.

VALÉRIE.

Oh ! sans doute, car tu disais vrai, Henri, cette existence nouvelle est enivrante... ces succès font battre délicieusement le cœur.

HENRI, *allant s'asseoir à droite.*

Et tu as le droit d'en être fière, car tu les dois à ton esprit, à ta beauté...

VALÉRIE, *s'appuyant sur son fauteuil.*

Fi ! le vilain flatteur !... ces succès, je les dois bien aussi quelque peu à votre position... je suis presque une puissance, car on s'imagine que j'ai beaucoup de crédit sur vous.

HENRI.

Et l'on ne se trompe pas.

VALÉRIE.

Vrai... eh bien ! accorde-moi une faveur :

HENRI.

Sans connaître d'abord... c'est agir en aveugle.

VALÉRIE.

Pour un futur ministre, c'est un apprentissage ; refuses-tu ?

HENRI.

J'accorde tout.

VALÉRIE, *s'asseyant près de lui.*

Accompagne-nous ce soir aux Italiens.

HENRI.

Volontiers, je te le promets.

VALÉRIE.

Et tu tiendras ta parole ?

HENRI, *gaîment.*

Ce doute est injurieux...

VALÉRIE.

Ne te fâche pas, mais cela t'arrive si souvent, tu me promets... puis, sans motif... tout-à-coup tu changes d'idée ; on dirait que tu sembles craindre qu'on ne te voie avec moi dans le monde.

HENRI, *faisant un mouvement.*

Peux-tu penser ?

VALÉRIE.

Moi, rien... mais, en vérité, si j'étais jalouse, je croirais que quelque mauvais génie, quelque fée malicieuse, une rivale, t'éloigne de moi

HENRI.

Valérie !

VALÉRIE.

Oh ! je le crois pas, mon ami... je serais trop malheureuse si je doutais de toi... je t'aime, et j'ai foi dans ton amour.

HENRI, *avec entraînement.*

Ah ! tu as raison... ce soir je t'accompagnerai. (*Avec feu.*) Oui, quoiqu'il arrive, compte sur moi.

VALÉRIE, *étonnée.*

Comme tu dis cela.

HENRI, *lui baisant les mains.*

C'est que tu es un ange, ma Valérie bien aimée... c'est que je t'adore.

SCÈNE X.

ADRIEN, LE BARON, HÉLÈNE, VALÉRIE, HENRI.

LE BARON, *au fond, en entrant.*

Un ménage modèle...

HENRI, *se levant rapidement, et à part.*

Hélène !

HÉLÈNE, *à part.*

Ensemble !

VALÉRIE.

Eh bien, Henri, tu t'éloignes devant nos meilleurs amis ? (*Se levant et allant au baron.*) Comprenez-vous ces maris ? lorsqu'on les surprend aux pieds de leurs femmes, ils perdent la tête... on croirait qu'ils commettent un crime... Oh ! j'en suis désolée, monsieur... mais Hélène saura que vous adorez votre femme et que vous le lui jurez.

HÉLÈNE, *lançant un coup d'œil rapide à Henri.*

Ah ! vraiment, je regrette alors de venir jeter, au milieu d'un si grand bonheur, une légère contrariété !

VALÉRIE.

Laquelle ?

HÉLÈNE.

Je ne puis vous accompagner aux Italiens... je viens de recevoir une lettre de la princesse Zielenka, présidente du comité de secours en faveur des réfugiés polonais... elle m'annonce pour ce soir une assemblée extraordinaire à laquelle ma qualité de dame patronesse me force d'assister.

VALÉRIE.

Combien c'est contrariant !

LE BARON.

Madame la baronne se sacrifiera à ses devoirs... Henri est des nôtres, chère Valérie ?

HÉLÈNE, *bas à Henri et rapidement.*

Refusez !

HENRI, *de même.*

Mais...

HÉLÈNE, *de même, avec prière.*

Je n'y serais pas. (*Elle remonte vers la fenêtre.*)

VALÉRIE, *au baron.*

Henri me l'a promis. (*A Henri.*) N'est-ce pas mon ami ?

HENRI, *avec embarras.*

Je crains que cela ne me soit pas possible... un travail pressé...

VALÉRIE, *avec étonnement d'abord, puis dépit.*

Ah !... j'aurais été bien surprise si vous aviez accepté.

HENRI.

Monsieur le baron sait combien ce travail est urgent... il s'agit des explications que le cabinet de Madrid attend... or, comme notre ambassadeur part dans quarante-huit heures... j'ai à peine le temps... vous avez accepté cette mission, monsieur de Perny ?

ADRIEN.

Non pas... je la refuse... j'ai dit un éternel adieu aux intrigues de chancelleries... Mais, monsieur, que ne vous chargez-vous de cette ambassade ? Monsieur de Lussan vous en a prié vivement.

VALÉRIE.

Nous exiler... jamais !

HÉLÈNE.

Nous séparer !... n'y comptez pas... du reste, j'approuve aussi le refus de mon frère.

ADRIEN.

Vous entendez ?

LE BARON.

Refus qui n'a pas le sens commun... Adrien, je vous donne une heure pour réfléchir... Henri, passons dans votre cabinet, vous me lirez vos notes sur cette affaire. (*A Hélène.*) Ne vous rendez-vous pas chez la princesse, madame ?

HÉLÈNE.

Oh ! j'ai plus d'une heure à moi... je vais au contraire préparer mes comptes, monsieur le ministre. Valérie, je reviendrai bientôt.

VALÉRIE.

Et nous vous conduirons à l'hôtel de la princesse.

LE BARON.

Fort bien, mesdames. (*A mi-voix à Valérie.*) Parlez à Adrien, faites-lui entendre raison... il y a sous jeu quelque passion romanesque (*Sortant avec Henri.*) Mon ami, je suis à vous maintenant.

ENSEMBLE.

Air de

HENRI.	VALÉRIE.
Hélas ! quelle est donc ma folie ?	Hélas ! quelle est donc ma folie
Me faudra-t-il toujours fléchir	Henri pourrait-il me trahir ?
Devant la folle jalousie	Mais près de lui toujours j'oublie
Qui s'impose à mon avenir ?	Les chagrins qu'il me fait subir.

LE BARON.	HÉLÈNE.
C'est un caprice, une folie,	De douleur et de jalousie,
Demain Adrien doit partir,	Ah ! je sens que je vais mourir.
Il faut maintenant qu'il oublie	Je vois qu'en ce jour il m'oublie,
L'amour qui l'a pu retenir.	Comment ici le retenir.

ADRIEN.

Non, ce n'est pas une folie,
Je ne saurais y consentir.
M'éloigner, briserait ma vie,
Hélas ! je ne pourrais partir.

(*Ils sortent par la droite.*)

SCÈNE XI.

ADRIEN, VALÉRIE.

VALÉRIE, *s'asseyant à droite.*

Vous restez avec moi, monsieur ?

ADRIEN, *vivement.*

Ma présence vous serait-elle importune, madame ?

VALÉRIE.

Oh ! nullement ; mais c'est que vous ignorez le danger qui vous menace.

ADRIEN.

Un danger ?

VALÉRIE.

Je suis chargé de vous gronder.

ADRIEN,

Je devine.

VALÉRIE.

Et je ne vous fais pas peur ?

ADRIEN.

Nous sommes plus braves que cela dans la diplomatie.

VALÉRIE, *se levant.*

Alors, pourquoi refuser cette place ? d'où vient que, depuis un an, vous repoussez tout avancement ?

ADRIEN.

Je n'ai pas d'ambition, madame.

VALÉRIE.

C'est y renoncer bien jeune... vous tenez donc beaucoup à ne pas quitter Paris ?

ADRIEN, *avec feu.*

Si j'y tiens !

VALÉRIE.

Je devine... un amour mystérieux.... monsieur de Lussan n'en a que plus raison... partez vite, monsieur, l'absence vous fera oublier.

ADRIEN.

Oh ! jamais ! auriez-vous dit vrai, madame, je resterais... car cet amour, c'est ma seule joie... c'est le rêve de mes plus chères espérances... il me semble que si cette image adorée s'éloignait de moi, mon cœur serait brisé... que si je n'aimais plus, ma vie serait anéantie... oh ! que je la voie seulement chaque jour, sans jamais lui parler de mon amour; que chaque jour, chaste et confiante, sa main presse la mienne sans deviner mon trouble, sans comprendre que je vis pour elle seule... et je serai heureux.

VALÉRIE, *émue.*

Une femme doit être fière d'inspirer une telle passion, monsieur... mais cette jeune fille est libre sans doute, elle vous aimera... nous parlerons pour vous... mais il faut vous confier à Hélène, à moi-même.

ADRIEN.

A vous ! oh ! jamais ! car elle me chasserait de sa présence.

VALÉRIE, *frappée d'une pensée subite.*

Quoi ! si vous me disiez, à moi ? mais alors ce serait... Oh ! monsieur !

ADRIEN

Madame ! ah ! pourquoi m'avoir forcé d'avouer...

> Air de *Madame de Garcin.*
>
> Oui, ce secret, je voulais vous le taire,
> Je le gardais pour qu'il fût ignoré.
> Au fond du cœur, précieux sanctuaire,
> Où, malgré moi, vous avez pénétré.
> Si ce bonheur que renfermait mon âme,
> Imprudemment vient de se révéler,
> C'est qu'entraîné par tant d'amour, madame,
> Mon cœur n'a pu s'empêcher de parler.

VALÉRIE, *agitée.*

Ah ! j'étais trop confiante... Le frère d'une amie !... aurais-je pu penser?... Oh ! maintenant, monsieur, acceptez cette mission, partez !... partez !... partez !

ADRIEN.

Jamais !...

VALÉRIE, *avec calme et dignité.*

Ah !... ce mot me rappelle à moi-même... libre à vous de ne pas partir, monsieur... libre à moi de ne plus vous recevoir... Dès ce jour, grâce à vous, je renonce à ces fêtes, à ces bals que j'aimais, si je dois vous y rencontrer.

ADRIEN.

C'est me haïr cruellement, madame.

VALÉRIE.

C'est respecter l'honneur de mon mari... (*Elle salue.*) Monsieur...

ADRIEN, *vivement.*

Madame... (*S'inclinant devant un regard froid de Valérie.*) Adieu donc, madame. (*Il sort par le fond.*)

SCÈNE XII.

VALÉRIE, seule.

Il m'aimait !... imprudente !... n'avoir rien deviné... quel dévouement !... quelle passion tout à la fois craintive et brûlante ! ah ! c'est ainsi qu'Henri m'aimait autrefois... et maintenant... Mais j'y songe, ce jeune homme refuse de s'éloigner... il me poursuivra de son amour, il me compromettra... il faut qu'Henri m'emmène, il faut qu'il m'arrache à Paris...

SCÈNE XIII.

VALÉRIE, HENRI.

VALÉRIE, *courant à Henri qui entre de droite.*

Henri... mon ami... te voici !... que je suis heureuse ! oh ! je me sens forte maintenant.

HENRI.

Quelle agitation !

VALÉRIE.

Henri... tu hésitais à refuser cette mission en Espagne... eh bien ! partons, quittons Paris, renonce à cette ambition qui m'entraînerait peut-être à ma perte.

HENRI.

A ta perte !... que s'est-il donc passé ? (*A part, en voyant que Valérie baisse les yeux sans répondre.*) Je devine. (*Haut, après un instant de silence.*) Valérie... nous partirons.

SCÈNE XIV.

HENRI, LE BARON, VALÉRIE, puis HÉLÈNE.

LE BARON *vient de droite.*

Henri, voici votre travail... Eh bien ! chère Valérie, avez-vous réussi dans votre ambassade, mon beau-frère a-t-il accepté ?

VALÉRIE.

Monsieur de Perny a refusé... mais j'ai moi-même à faire appel à votre amitié !...

LE BARON.

Parlez.

VALÉRIE.

Cette mission... je la sollicite pour mon mari qui la désire autant que moi...

HÉLÈNE, *entrant par la droite et à part.*

Que dit-elle ?

LE BARON.

Henri, vous pouvez compter sur moi.

HÉLÈNE, *agitée.*

Mais, c'est impossible !...

VALÉRIE.

Impossible ! et pourquoi ?

HÉLÈNE, *hésitant.*

N'a-t-on pas offert à mon frère ?

LE BARON.

Adrien a refusé... vous-même, vous vous y êtes opposée...

VALENTIN, *au dehors.*

Tu vois bien... j'avais raison.

SCÈNE XV.

HENRI, VALENTIN, OLYMPE, VALÉRIE, LE BARON,
HÉLÈNE.

VALÉRIE.

Olympe ! et tes soupçons ?

OLYMPE.

J'avais tort...

VALENTIN.

Blanc comme neige, plus pur qu'une rosière.

OLYMPE.

Et le joaillier, que d'excuses pour nous avoir envoyé la note d'un autre de ses clients !

VALENTIN.

Oui, d'un second Valentin, un Bonamy d'occasion ! le drôle ! une pareille erreur ! (*Avec une fausse colère.*) Si ma femme n'avait été là... je l'aurais. (*A part.*) je l'aurais embrassé de bon cœur ; quel grand homme ! comme il a saisi ma situation !

OLYMPE, *qui a salué Hélène et le Baron pendant cet à-parte.*

Et les Italiens ! ne partons-nous pas ?

LE BARON.

Madame a raison, rendons-nous au théâtre.

VALÉRIE, *hésitant.*

Je crains de ne pouvoir.

LE BARON, *sans l'écouter.*

Mais je ne vois pas Adrien ?

HÉLÈNE, *avec une impatience mal contenue.*

Mon frère !... oh ! je ne sais quel vertige s'est aussi emparé de son esprit... il a voulu rentrer chez lui... il refuse même de m'accompagner demain à votre soirée.

VALÉRIE, *à part.*

Oh ! c'est bien. (*Haut.*) Qu'importe ? **partons.**

OLYMPE.

Enfin, j'irai aux Italiens... je ne serai tranquille qu'une fois installée dans la loge.

VALENTIN.

Bon, ne crois-tu pas qu'il va me pleuvoir des fluxions de poitrine en route ?

(*Valentin prend le bras d'Olympe et remonte, ainsi que le baron qui donne le bras à Valérie. — Au moment où ils sont au fond, la porte s'ouvre vivement.*)

SCÈNE XVI.

HENRI, VALENTIN, HERMÈS, OLYMPE, VALÉRIE,
LE BARON, HÉLÈNE.

OLYMPE.

Hermès !

VALENTIN.

Hermès ! messager de malheur !

HERMÈS.

Docteur ! une crise inattendue !

HENRI, *à part.*

Je devine.

VALENTIN.

Celle que je redoutais... (*A part.*) Le chef d'emploi aura voulu danser...

VALÉRIE.

Quel contre-temps !

OLYMPE.

Tant pis pour la crise... qu'elle se calme seule.

VALENTIN.

Oui, tant pis... je me révolte à la fin... j'irai plus tard... à la sortie du théâtre... fais lui prendre du camphre... beaucoup de camphre... si ça ne lui fait pas de mal... ça ne lui fera toujours pas de bien... non, je veux dire... ah ! cette maladie-là me fera perdre la tête !

HERMÈS.

Il y a délire, docteur... transport au cerveau... le malade parlait de s'élancer hors de chez lui.

VALENTIN, *effrayé.*

S'élancer ! j'y cours ! j'y cours tout de suite. (*A part.*) Oh ! si jamais on m'y reprend... quel esclavage !

OLYMPE.

Je m'y oppose... et moi ? et les Italiens ?

VALENTIN.

Sois tranquille, je serai bientôt de retour... trente minutes au plus. Hermès te reconduira, calme toi... rentre chez toi... déshabille toi... couche toi... ça te distraira.

OLYMPE.

Mais...

VALENTIN.

Surtout ne t'ennuie pas, à bientôt, chère amie. Adieu, mesdames, adieu ! (*En sortant.*) Je cours sauver la Pologne !

SCÈNE XVII.

HENRI, OLYMPE, HÉLÈNE, VALÉRIE, LE BARON.

OLYMPE, *avec un grand dépit.*

Quel supplice ! (*A Hélène.*) Madame la baronne, vous êtes du comité de secours des réfugiés polonais ?

HÉLÈNE, *allant à elle.*

Oui.

OLYMPE.

Soyez assez bonne pour prendre des informations sur ce monsieur Ragenski, rue Blanche, 50, et le protéger au besoin... moi, je lui enverrai des secours demain matin.

HENRI, *à part.*

Oh ! si Valentin échappe à celle-là !

HÉLÈNE.

Je vous le promets, et je vous en rendrai compte demain pendant la soirée de Valérie.

LE BARON.

Allons ! allons ! mesdames, nous arriverons après l'ouverture.

VALÉRIE, *à Hélène.*

Nous vous descendrons à l'hôtel de la princesse. (*Elle parle à Olympe.*)

HÉLÈNE, *bas à Henri.*

Ici demain soir...

HENRI, *à part.*

Oui, j'y serai... mais pour briser cette chaîne !

HERMÈS *les suivant des yeux, son livre à la main.*

Hypertrophie du cœur.

(*Les dames sortent par le fond, le baron les suit.*)

SCÈNE XVIII.

HENRI, HERMÈS *au fond,* OLYMPE.

(*Olympe et Henri assis, se regardent tristement.*)

HENRI.

Partis !

OLYMPE.

Ils vont s'amuser.

HENRI.

Ah ! quelle folie d'avoir entraîné ma femme à Paris !

OLYMPE, *se levant.*

Ah ! que j'aurais bien mieux fait de laisser Valentin en province !

HERMÈS, *à part.*

C'était bien la peine d'user tant de cordons de sonnette !

HENRI.

Bonne nuit, cousine, je vais travailler.

OLYMPE.

Bonsoir, Henri... je vais bercer ma fille... Venez, Hermès...

HERMÈS, *lui donnant le bras.*

Allons bercer l'enfant ! O Hippocrate, ton disciple n'est plus qu'une nourrice !

(*Ils se dirigent vers le fond, tandis qu'Henri prend sa plume et ses papiers.*)

Acte III.

La scène se passe à Paris, chez Henri d'Aubigny. — Petit salon élégant; portes au fond et des deux côtés. — A droite et à gauche, une table à écrire, et un candélabre chargé de bougies allumées.

SCÈNE I.

HENRI, HÉLÈNE.

(*Ils entrent par le fond.*)

HÉLÈNE *entre après Henri.*

Puis-je enfin vous parler, monsieur?

HENRI.

Je crains que Valérie...

HÉLÈNE.

Valérie est au milieu de ses invités qui la retiennent. L'indisposition que j'ai prétextée éloigne tout soupçon... et d'ailleurs je n'ai qu'une demande à vous adresser... vous n'avez qu'une réponse à me faire... comptez-vous partir?

HENRI.

Vous devez comprendre...

HÉLÈNE.

Pas de réponse évasive... comptez-vous partir?... oui... ou non?...

HENRI.

J'ai promis, madame...

HÉLÈNE.

Promis !... et ne m'avez-vous rien promis à moi?...

HENRI.

Je me souviens de tout, au contraire... je me rappelle qu'il y a deux ans vous avez réveillé en moi une ambition éteinte, et que je poursuis la route que vous-même m'avez tracée.

HÉLÈNE.

Oh! ne raillons pas, Henri... alors, nous étions deux à suivre cette route, et aujourd'hui vous me laissez seule... oh! tenez, je ne voudrais accuser que moi... folle que j'étais! j'aurais dû prévoir qu'un jour vous me reprocheriez jusqu'à l'appui que je vous ai prêté, que mon dévouement pèserait à votre reconnaissance...

HENRI, *froidement.*

De la reconnaissance... est-ce pour m'avoir fait sentir chaque jour votre pouvoir et ma dépendance... est-ce parce que vous

vous imposez à toute heure, comme un mauvais génie, entre l'amour de Valérie et le mien?... ah! ne me faites pas regretter de n'avoir pas eu plus tôt le courage de briser un joug que vous me rendez odieux...

HÉLÈNE.

Le briser! oui, voilà ce que vous cherchez.

HENRI.

Madame...

HÉLÈNE.

Vous oubliez que jeune, honorée dans le monde, mon âme serait pure encore, si je n'avais eu foi en vous comme on a foi en Dieu... permis à vous de me repousser monsieur, mais moi, j'ai placé ma vie entière dans cet amour... fallût-il nous perdre tous deux, vous ne partirez pas.

HENRI.

Eh bien ! parlez donc, ayez ce triste courage; mais, sachez-le bien, j'accepte ma nomination et je pars demain... Valérie!

SCÈNE II.

HENRI, OLYMPE, VALÉRIE, HÉLÈNE.

VALÉRIE, *à Hélène.*

Eh! bien... cette indisposition?

HÉLÈNE.

Est à peu près passée... une légère migraine...

OLYMPE.

Sans doute... tant de monde fatigue... Mais Valentin... où est-il?... depuis hier, il n'est pas rentré...

HÉLÈNE.

Depuis hier... il nous avait pourtant bien promis...

OLYMPE,

Et à moi donc... lui qui ne devait s'absenter que trente minutes... si c'est avec cette montre-là qu'il compte les pulsations de son malade...

HENRI.

Oh! il ne peut tarder à arriver...

OLYMPE.

A moins qu'il ne soit condamné au polonais à perpétuité... je n'ai jamais tant souhaité la délivrance de la Pologne... aussi, j'ai envoyé ce matin un billet de 500 francs à ce monsieur Ragenski... Ah!... Valentin... c'est bien heureux... Enfin te voici... à une pareille heure...

SCÈNE III.

HENRI, VALENTIN, OLYMPE, VALÉRIE, HÉLÈNE.

VALENTIN, *tirant sa montre.*

Il n'est pas tard, chère amie... vois, huit heures dix-sept minutes, je me suis réglé sur les Tuileries.

OLYMPE.

Pourquoi n'es-tu pas venu dîner? d'où sors-tu?

VALENTIN.

Je sors... je sors de m'habiller.

OLYMPE.

Vingt-quatre heures pour mettre une cravate et un gilet. Enfin, d'où viens-tu ?

VALENTIN.

Parbleu ! de chez ce pauvre Ragenski. (*A part.*) A la Maison-d'Or... partie carrée... avec un confrère et son satellite.

HENRI, *à part.*

Quel aplomb !

HÉLÈNE.

En effet, vous paraissez bien fatigué, docteur.

VALENTIN.

Je n'ai pu fermer l'œil de la nuit... (*A part.*) Octavie a été d'un despotisme !...

OLYMPE.

C'est bien le malade le plus exigeant !...

VALENTIN.

Sans doute, un tempérament si capricieux, si efféminé...

Air : *Ma belle est la belle des belles.*

Il a la faiblesse du sexe
Dont vous faites tout l'ornement,
Nature bizarre et complexe
Que j'étudie à tout moment.

Enfin, entre nous, je proclame
Sans crainte de trop m'avancer,
Qu'il a beaucoup plus de la femme
Que vous ne pouvez le penser.

OLYMPE.

Il n'y a donc pas de mieux dans sa position ?

VALENTIN.

Oh ! beaucoup de mieux... mais avec une pareille maladie...

VALÉRIE.

Que vous appelez ?

VALENTIN.

Je ne l'appelle pas... c'est une maladie polonaise... ça n'a pas de nom en français.

OLYMPE.

Allons, je n'ai plus le courage de te gronder... Mais, dis-moi, a-t-on été bien heureux ce matin ?...

VALENTIN.

Qui ça... heureux ?

VALÉRIE, *assise.*

Votre malade ?

VALENTIN.

Mon malade ! et pourquoi ?

HÉLÈNE, *assise.*

Est-ce qu'il n'a pas reçu ?

VALENTIN.

Reçu... reçu... quoi ?

OLYMPE.

Le billet ?

VALENTIN, *embarrassé.*

Ah ! le billet ? oui... oui... le billet. (*A part.*) Si je sais ce qu'elles veulent dire.

VALÉRIE.

Cinq cents francs, c'est une fortune...

VALENTIN, *embarrassé.*

Une petite fortune ! oui...

HÉLÈNE.

C'est votre femme qui les a envoyés.

VALENTIN, *de même.*

Ah ! c'est... c'est ma femme qui... oh ! c'est très bien cela, Olympe. (*Il lui prend la main. — A part.*) Si je pouvais deviner...

VALÉRIE, *se levant.*

J'aurais voulu me trouver auprès de ce pauvre exilé lorsqu'il a reçu ce billet, comme il a dû être heureux...

VALENTIN, *à part.*

Ah ! j'y suis, je tiens le logogriphe. (*Haut.*) Oh Dieu ! c'était la manne qui lui tombait des cieux. (*A part.*) Où diable, le billet sera-t-il allé ?...

HENRI.

Cela lui permettra de se rétablir.

HÉLÈNE, *se levant.*

Et chacun en sera charmé, car ce monsieur Ragenski est digne du plus grand intérêt.

VALENTIN, *stupéfait.*

Bah !

HÉLÈNE, *à Olympe.*

J'ai pris, comme je vous l'avais promis, des renseignements. Il paraît que c'est un brave.

VALENTIN.

Oui, oui, un vieux brave, qui a vu le feu. (*A part.*) De quoi se mêle-t-elle ?

HÉLÈNE.

Une famille nombreuse, n'est-ce pas, docteur ?

VALENTIN, *troublé.*

Oh ! très nombreuse ; une douzaine d'enfants, pas plus.

VALÉRIE, *riant.*

Pas plus.

VALENTIN.

Oh ! vous savez, il n'y a que le premier qui coûte... (*A part.*) Qu'est-ce que je réponds donc, je perds la tête !

HENRI, *avec un faux attendrissement.*

Et dire que tu es presque le père de cette intéressante famille !

VALENTIN.

Le père, tu es bien bon ! (*A part.*). Est-ce qu'il ne se taira pas ?

HÉLÈNE.

C'est un beau trait, docteur !

VALENTIN.

Oui, c'est un assez beau... (*A part.*) Elle se moque de moi.

HENRI.

Si nous faisions insérer un petit bout d'article dans une feuille médicale, mesdames ?..

TOUS.

Oui ! oui ! oui !

VALENTIN.

Non... non... de grâce... j'ai horreur de la publicité... (*A part.*) Infernal railleur !

VALÉRIE.

Quelle modestie !

HÉLÈNE.

Quel désintéressement !

OLYMPE, *attendrie.*

Tu me fais bien plaisir, mon ami !

HENRI.

C'est beau !... c'est sublime !...

VALENTIN, *à part.*

Oh! si jamais tu es malade, toi !

SCÈNE IV.

HENRI, VALENTIN, OLYMPE, AMBROISE, HÉLÈNE, VALÉRIE.

AMBROISE, *à Olympe.*

Madame, voici une lettre que l'on vient d'apporter pour vous.

OLYMPE.

Une lettre !... (*L'examinant.*) Oui, c'est bien pour moi... vous permettez ?... (*Elle l'ouvre ; Ambroise reste au fond.*)

VALENTIN.

Qu'est-ce encore ?

VALÉRIE.

Qu'as-tu ?... cette lettre ?

OLYMPE.

Cette lettre !... elle est de monsieur Ragenski.

VALENTIN, *stupéfait.*

Bah ! (*A part.*) Une lettre d'Octavie... à le !...

HENRI, *à part.*

Pauvre ami !

OLYMPE.

Écoutez. (*Elle lit.*) « Madame, grâce à Dieu ! jamais ma santé « n'a été plus florissante, et jamais je n'eus moins besoin de « secours. Je suis aussi reconnaissant que surpris de cette « bonne œuvre qui s'est sans doute trompée d'adresse ; mais » je vous serais plus reconnaissant encore, si vous versiez vos « cinq cents francs dans la caisse de mes compatriotes réfugiés. « Veuillez agréer, madame...

« Ragenski, réfugié polonais. »

VALENTIN, *à part.*

Il y avait un vrai Ragenski.

OLYMPE.

Eh bien, monsieur ?...

VALENTIN, *embarrassé.*

Eh bien, ma chère amie... (*A part.*) Dieu des maris, inspire-moi !...

OLYMPE.

Nous expliquerez-vous ce que cela veut dire ?

VALENTIN, *très-embarrassé.*

Ce que cela veut dire !... c'est bien simple... quoi ! tu n'a pas compris ?... vous n'avez pas compris ?

HÉLÈNE, *à part.*

Cela me semble assez difficile.

OLYMPE, *avec impatience.*

Eh bien ?...

VALENTIN.

Eh bien ! c'est très-simple... il n'y a pas qu'un Ragenski dans Paris... comme il n'y a pas qu'un Martin à la...

OLYMPE.

Comment cela ?

VALENTIN.

Sans doute... il y a une foule de Ragenski à Paris !... ils

fourmillent... ils pullulent !... ils tiennent du lapin ! on ne les compte plus !

OLYMPE.

Quel conte me fais-tu là. (*A Ambroise.*) Ambroise ! (*Ambroise descend entre elle et Valentin.*) L'homme qui vous a remis cette lettre est en bas ?

AMBROISE.

Je le pense, madame.

OLYMPE.

Je vais lui parler. (*A Henri.*) Peut-être découvrirai-je la vérité.

VALENTIN, *à part.*

Diable ! (*A Ambroise.*) Deux louis si cet homme est parti.

AMBROISE, *bas.*

Bien, monsieur. (*Il sort par le fond.*)

VALENTIN, *la reconduisant.*

Jalouse, va !... tigresse !...

OLYMPE.

Je ne te crois plus !...

VALENTIN.

Interroge, ma bonne, interroge.

VALÉRIE, *le retenant.*

Monsieur Valentin...

VALENTIN, *cherchant à s'échapper.*

Permettez... (*A la cantonnade.*) Interroge...

VALÉRIE.

Puisqu'Olympe n'est plus là... nous avons à vous gronder.

VALENTIN, *ramené par les deux femmes sur le devant de la scène.*

Moi, mesdames...

SCÈNE V.

HÉLÈNE, VALENTIN, VALÉRIE, HENRI.

VALÉRIE.

Oui, c'est fort mal, cousin, vous avez une femme charmante et vous la trompez.

VALENTIN.

Madame, je vous jure...

VALÉRIE.

Ne cherchez pas à nier... nous savons tout... Hélène a pris des renseignements et nous sommes parfaitement édifiées sur votre histoire de réfugié polonais...

VALENTIN.

Quoi ! vous savez !... eh ! bien, oui, grondez-moi... je confesse humblement ma faute... oui, je suis un grand coupable... je suis comme l'oiseau pris aux gluaux... j'ai beau me débattre, je laisse de mes plumes à chaque secousse... mais j'aurai plus de caractère... je suis résolu à briser cette chaîne... je vous le promets...

HÉLÈNE.

Prenez-garde... vous vous exposez... la vengeance d'une femme est terrible parfois... et si celle-là vous aime...

VALENTIN.

Eh bien ! est-ce que ma femme ne m'aime pas aussi... et mieux ? Est-ce que je dois mettre en balance le dévouement si pur de l'une avec les exigences jalouses de l'autre ? Est-ce qu'on peut aimer, mais là, avec le cœur, sans trouble, sans remords, une autre femme que la sienne ?... N'est-ce pas, cousin...

HENRI, *baissant la tête.*

Je pense comme toi.

HÉLÈNE, *avec ironie.*

Vous voilà comme les autres... après avoir encensé votre idole, vous prétendez la briser...

VALENTIN.

C'est que vous ne savez pas de quel limon est pétrie cette idole !... vous êtes trop honnête femme pour cela... vous saluez un homme au théâtre, au bois, au concert, vous voyez assis à ses côtés un de ces charmants démons au visage de vierge, au cœur bronzé comme un vieux juif, et vous dites : qu'il est heureux !... moi, je dis : l'imbécile !... C'est que vous ne savez pas de quel prix il paie ce bonheur ! vous ne savez pas qu'il lui faut rougir devant chaque femme honnête qui détourne de lui ses regards... c'est que vous ignorez à combien de mensonges il doit s'abaisser pour cacher cette liaison honteuse, pour acheter son repos, pour fuir l'inquisition de cette maîtresse et lui marchander le bonheur de sa femme, l'avenir de ses enfants... Dieu te préserve, mon ami, d'une liaison comme la mienne... (*Henri tressaille.*)

VALÉRIE, *lui serrant la main.*

Ah ! c'est bien cela, Valentin, c'est parler en honnête homme...

HÉLÈNE, *à part, observant Henri.*

Il se tait ! (*Haut, avec ironie.*) Quelle éloquence, docteur ! c'est bien de vous qu'il faut dire : « faites ce qu'il recommande, gardez-vous de ce qu'il fait. » Par malheur, il vous manque ici deux personnes.

VALENTIN.

Deux personnes...

HÉLÈNE.

Oui, votre femme qui eût été charmée d'apprendre votre édifiante conversion, et cette autre femme à qui vous avez juré sans doute un éternel amour, et pour laquelle vous n'avez pas assez de mépris, de dédains, aujourd'hui que vous ne l'aimez plus...

VALENTIN.

Ma foi, c'est vrai... et je suis sûr que vous m'approuvez... Est-ce que ces femmes sont à plaindre ?

HÉLÈNE, *avec ironie.*

Non, certes, elles seules sont à blâmer et je ne vois que vous à plaindre. Un amour traverse votre existence, vous vous y attachez avec feu ; vous entraînez une femme à sa perte, puis la satiété vous vient un jour ; puis un autre jour l'ennui pour vous, l'abandon pour la femme ; vous secouez insoucieusement cette passion fanée sur votre chemin, sans jeter un regard derrière vous, sans vous demander si vous ne laissez pas là les larmes et le désespoir... que vous importe ?... cette femme seule est coupable... coupable d'avoir pensé que le sacrifice de son honneur pouvait être du même prix que le repos de celui à qui elle avait donné ce que Dieu lui a départi de plus précieux : sa beauté, les richesses de son cœur, de son dévouement, et qui osait exiger en échange un peu d'amour, un peu d'estime...

VALÉRIE, *vivement.*

De l'estime ?... Y pensez-vous, Hélène, de l'estime à celle, qui, pour satisfaire son égoïste passion, brise l'existence d'une famille, arrache un mari à ses devoirs et lui fait léguer à ses enfants l'exemple fatal d'un ménage désuni !... de l'estime, à celle qui détournant un honnête homme du droit chemin, le pousse à la ruine de sa considération et de sa fortune... de l'estime, à celle qui tend à séparer ceux que deux petites mains d'enfans ont religieusement enchaînés... non... pas d'estime pour de pareilles femmes, mais le mépris des honnêtes gens.

(*Le baron entre.*)

HÉLÈNE, *à part*

Oh ! que j'ai souffert !

SCÈNE VI

VALENTIN, HÉLÈNE, LE BARON, VALÉRIE, HENRI.

LE BARON.

Chère Valérie, je reçois à l'instant la nomination de monsieur d'Aubigny.

VALÉRIE.

Oh ! que je suis contente !... et toi, mon ami ?

HENRI, *d'un air contraint.*

N'ai-je pas dit que j'acceptais ?...

HÉLÈNE, *echangeant un regard avec lui.*

Oui, mais les diplomates changent d'opinion avec tant d'habileté.

VALÉRIE.

Oh ! nous n'avons rien à craindre... Henri a sollicité avec autant d'empressement que moi...

HÉLÈNE.

Vraiment ?... cependant, tout-à-l'heure, monsieur d'Aubigny, vous m'aviez fait trembler.

VALÉRIE.

Que disait-il ?

HÉLÈNE.

Madame a raison... que me disiez-vous donc, monsieur... Du reste, en cherchant un peu, je puis me souvenir... et tout dire... (*Elle appuie sur ces derniers mots.*)

HENRI, *vivement.*

C'est inutile, madame, ainsi que je vous l'ai avoué, je n'avais pas assez réfléchi... cette mission ne saurait me convenir... monsieur le baron m'approuvera lorsque je lui aurai fait part des graves intérêts qui m'obligent à refuser.

VALÉRIE.

Refuser ! quels motifs ?

HENRI.

Des motifs sérieux, imprévus.

LE BARON.

Parlez, mon ami, expliquez-vous.

HENRI.

Plus tard, si vous le permettez.

VALÉRIE, *avec fermeté, mais à voix basse.*

As-tu donc oublié qu'il s'agit de mon repos, de mon honneur même ?

HENRI, *hésitant.*

Valérie!... (*Il regarde Hélène, qui lui fait un geste impératif.*) C'est impossible...

VALÉRIE.

Ah!... quel motif secret peut vous attacher si vivement à Paris ?

HENRI, *bas.*

Autre folie. (*Haut.*) Monsieur le baron me comprendra mieux, s'il veut bien m'écouter.

LE BARON.

Volontiers, mon ami, je suis prêt à vous entendre.

VALENTIN, *à Hélène.*

Rassurez Olympe... je vais me convertir.

ENSEMBLE

Air de

HENRI.	LES AUTRES.
Je veux vous découvrir	Il veut me lui } découvrir
Mes projets d'avenir,	Ses projets d'avenir,
Puis vraiment	Puis vraiment
A l'instant	A l'instant
Je prétends revenir.	Nous pourrons revenir.

(*Ils sortent par le fond.*)

SCÈNE VII.

VALÉRIE, seule.

Comme il évite mes regards... quelle raison le retient à Paris ?... quel motif assez grave et qu'il n'ose m'avouer?... une femme ?... une rivale ?... oh! non... non... je n'y puis croire ?... je suis folle!... et cependant... toutes ces incertitudes, toutes ces hésitations... il y a deux heures il acceptait encore,.. et ce refus subit... Monsieur de Perny ! (*Elle fait un mouvement pour sortir.*)

SCÈNE VIII.

ADRIEN, VALÉRIE.

ADRIEN *entre par le fond.*

Pardonnez-moi, madame, si j'ose encore me présenter devant vous, mais comme je pars demain...

VALÉRIE.

Vous, monsieur !

ADRIEN.

J'ai dû ne pas accepter l'invitation de monsieur d'Aubigny, mais je n'ai pas voulu emporter avec moi le souvenir de vous avoir offensée. Je sais que vous voulez fuir Paris... c'est moi qui m'éloignerai, madame...

VALÉRIE.

Je n'ai pas le droit, monsieur, d'attendre de vous un pareil sacrifice.

ADRIEN.

C'est que vous me jugez mal, madame... entraîné malgré moi, je vous ai révélé un secret que j'avais su cacher à tous depuis deux ans, et qu'au prix de ma vie je voudrais n'avoir pas trahi... mais, comment aurais-je pu me défendre contre cet amour ?

VALÉRIE.

Monsieur... Ciel ! Henri !

SCÈNE IX.

ADRIEN, HENRI au fond, VALÉRIE,

HENRI, *d'un ton calme et indifférent.*

On s'étonne de ton absence, ma chère amie...

VALÉRIE.

J'allais rentrer... (*A part.*) S'il avait entendu.

HENRI.

Si pourtant, tu préfères rester...

VALÉRIE.

Non, mon ami, tu as raison... (*A part, en sortant.*) Ce calme, cette tranquillité... il ne sait rien...

(*Elle sort par la droite. — Adrien va pour sortir par le fond. — Henri l'arrête du geste. — Les portes du fond restent ouvertes.*)

SCÈNE X.

ADRIEN, HENRI.

HENRI, *toujours très-froid.*

J'étais là, monsieur... j'ai tout entendu... Vos armes?

ADRIEN.

Monsieur, je vous jure...

HENRI.

Vos armes?

(*Valentin paraît au fond et écoute.*)

ADRIEN.

Les vôtres, monsieur.

HENRI.

Soit... l'épée...

SCÈNE XI.

ADRIEN, VALENTIN, HENRI.

VALENTIN.

L'épée... des armes... un duel...

HENRI.

Silence... on pourrait nous entendre... tu seras mon témoin...

VALENTIN.

Mais encore faudrait-il savoir...

HENRI, *à Adrien.*

Monsieur, il est neuf heures, demain matin, à six heures, je vous attendrai chez moi, si vous le trouvez bon?...

ADRIEN.

J'y serai avec mes témoins, monsieur. (*Il sort par le fond.*)

VALENTIN, *remontant avec Adrien*

Mais, monsieur Adrien. (*A Henri qui sort par la gauche.*) Mon ami, explique moi...

HENRI.

Plus tard... il est essentiel que je voie le baron sur le champ... attends-moi... tu sauras tout. (*Il sort par la gauche.*)

SCÈNE XII.

VALENTIN, HÉLÈNE.

VALENTIN.

Témoin dans un duel!... moi... je serai traduit aux assises. Trois mois de prévention ou forcé de m'expatrier... Comment empêcher?... Madame de Lussan ! c'est le ciel qui l'envoie... Madame...

HÉLÈNE *entre par le fond.*

Quelle agitation, docteur...

VALENTIN.

Un duel! un duel est suspendu sur nos têtes!...

HÉLÈNE.

Un duel!... et qui donc ?

VALENTIN.

Votre frère et Henri...

HÉLÈNE, *chancelant.*

Mon frère... Henri... oh! c'est horrible!.. Mais quel motif?...

VALENTIN.

Un motif abominable... je ne le connais pas... je ne sais qu'une chose, c'est que je suis témoin...

HÉLÈNE.

Ce duel ne peut avoir lieu... Où est mon frère?

VALENTIN.

Parti...

HÉLÈNE.

Et monsieur d'Aubigny?

VALENTIN.

Il est avec monsieur de Lussan.

HÉLÈNE, *à part.*

Impossible de lui parler seul ! (*Haut.*) Comment faire?...

VALENTIN.

Pouvez-vous me le demander? mon imagination est paralysée...

HÉLÈNE, *qui réfléchit.*

Il n'y a que ce moyen. (*Elle se place devant la table de droite et écrit rapidement.*) Monsieur Valentin... vous aimez Henri? vous voulez arrêter ce duel?

VALENTIN.

Je suis prêt à me jeter au milieu des épées pour éviter l'effusion du sang...

HÉLÈNE, *pliant et cachetant sa lettre.*

Que ce billet soit remis par vous... par vous-même, vous m'entendez, à M. Daubigny, à lui seul.

VALENTIN.

Soyez sans crainte... (*A part.*) Pauvre femme, elle tremble pour son frère!

HÉLÈNE, *prête à sortir et revenant.*

Je le confie à votre discrétion, à votre honneur... monsieur d'Aubigny seul a le droit d'ouvrir ce billet... je cours trouver mon frère, et vous, hâtez-vous... cherchez monsieur d'Aubigny, remettez-lui cette lettre... il y va de notre repos à tous. (*Elle sort vivement par le fond.*)

SCÈNE XIII.

VALENTIN, puis OLYMPE, ET VALÉRIE.

VALENTIN.

Oui, madame, oui, j'y cours. Elle a raison... tâchons de rejoindre Henri... (*Il va pour sortir par la gauche.*)

OLYMPE, *entrant par la droite.*

Où vas-tu? (*Elle court à lui et l'arrête.*)

VALENTIN, *embarrassé.*

Moi, ma bonne, je... je sortais. (*Elle redescend la scène.*)

OLYMPE, *voyant la lettre d'Hélène.*

Quelle est cette lettre?

VALENTIN.

Cette... cette lettre, voyons ne vas-tu pas avoir encore des soupçons?

OLYMPE.

On en aurait à moins.

VALENTIN, *s'efforçant d'empêcher Olympe de prendre la lettre.*

Elle n'est pas pour moi... Elle est pour Henri.

VALÉRIE, *qui est entrée par la droite un peu après Olympe sans être vue de Valentin.*

Pour Henri, donnez. (*Elle arrache la lettre à Valentin qui la tient de la main droite et l'écarte d'Olympe.*)

VALENTIN.

Mais lui seul doit la lire.

VALÉRIE.

Oh! mon mari décachète mes lettres, moi les siennes. (*Elle l'ouvre.*)

VALENTIN, *voulant la reprendre.*

Fort bien, mais j'ai promis...

OLYMPE, *le faisant passer brusquement devant elle.*

Lis vite, je suis sûre que Valentin me trompe...

VALÉRIE, *lisant.*

« Au nom de notre amour, » Grand Dieu!

VALENTIN.

Hein?

OLYMPE.

C'est adressé à mon mari?

VALÉRIE.

Non, au mien.

VALENTIN, *à part.*

Oh! sa passion orageuse.

VALÉRIE, *continuant.*

« Au nom de notre amour, cher Henri, attendez-moi avant la fin de votre soirée dans le petit salon. » C'est ici.

OLYMPE.

Oh! que je suis désolée.

VALENTIN.

Il est bien temps!

VALÉRIE.

Et pas de signature... oh! n'importe, je saurai découvrir... Valentin, qui vous a remis cette lettre?

VALENTIN.

Personne, c'est-à-dire... si, si... une femme de chambre, un groom inconnu.

VALÉRIE.

Ah! vous me trompez.

VALENTIN, *à part.*

Courons après la baronne, qu'elle ne vienne pas à ce rendez-vous.

SCÈNE XV.

VALÉRIE, assise, OLYMPE, HERMÈS, VALENTIN.

VALENTIN.

Hermès!

HERMÈS, *accourant haletant au fond.*

Docteur!... (*Apercevant Olympe.*) Ragenski!... Ragenski!... (*L'entraînant, à part, sur le devant de la scene, pendant qu'Olympe console Valérie.*) Octavie!... elle est furieuse!... Elle va venir ici!...

VALENTIN, *à part.*

Ah! mon Dieu! il ne manquerait plus que cela! la jolie soirée!...

OLYMPE.

Qu'est-ce? encore une crise?

HERMÈS.

Affreuse...

VALENTIN.

Il est à toute extrémité... j'y cours.

HERMÈS.

Nous y courons.

OLYMPE.

Et qui me reconduira?

VALENTIN.

Moi!...

HERMÈS.

Nous!...

VALENTIN.

Je te mettrai chez toi en passant...

OLYMPE, *à part.*

Chez moi, non pas, mais chez le malade lui-même, rue Blanche, 50.

VALENTIN, *qui a repris son chapeau.*

Viens, Hermès, viens, ma bonne?

OLYMPE.

Me voici.

VALENTIN, *à part.*

Oh! cette fois, je cours tuer mon malade. (*Il sort avec Olympe.*)

HERMÈS, *répétant.*

Oh! cette fois nous courons tuer notre malade! (*Ils sortent tous très-vivement. — Cette scène doit être jouée avec la plus grande chaleur.*)

SCÈNE XVI.

VALÉRIE seule, relisant, découragée.

« Au nom de notre amour! » Henri ne m'aime plus... une autre! Oh! cette pensée! une autre!... et cette femme est ici... et elle va venir dans ce salon .. elle va venir chercher mon mari... Oh! cette certitude me rend tout mon courage... séchons ces pleurs... cachons mes angoisses... sourions, s'il le faut... qu'ils ne soupçonnent rien... que je puisse découvrir... Mais si elle était avertie, si elle ne venait pas?

SCÈNE XVII.

VALÉRIE, HENRI.

HENRI, *entrant par la gauche, sans voir Valérie.*

Tout est convenu... et maintenant... (*A part, et l'apercevant.*) Valérie!...

VALÉRIE, *à part.*

Henri!... (*Haut.*) Tu étais sorti?

HENRI, *hésitant.*

Oui, un ordre pressant du ministère.

VALÉRIE, *à part.*

Il se trouble... (*Haut.*) Tu ne rentres pas dans le salon?... il n'y reste plus que quelques intimes.

HENRI, *s'asseyant à droite.*

Ces papiers à examiner... puis je te rejoins.

VALÉRIE,

Bien, mon ami. (*A part.*) Il l'a vue, sans doute, il l'attend... oh ! je reviendrai. (*Elle sort par la droite.*)

SCÈNE XVIII.

HENRI, puis HÉLÈNE.

HENRI, assis.

Oh ! insensé ! voilà donc où m'a conduit une fatale passion : le trouble de mon ménage... et un duel... ou le déshonneur.

HÉLÈNE, elle entre vivement par le fond, et avec la plus grande émotion.

Dieu soit béni !... je vous trouve enfin.

HENRI, se levant.

Cette agitation !...

HÉLÈNE.

Monsieur Valentin ne vous a-t-il pas remis ma lettre ?

HENRI.

Une lettre !... je n'ai pas vu Valentin...

HÉLÈNE.

Henri, j'ai appris votre duel.

HENRI.

Quoi ! vous savez ?...

HÉLÈNE.

Oui... j'ai cherché en vain mon frère... mais il ne sera pas sourd à mes prières... ce duel est impossible...

HENRI.

Impossible !...

HÉLÈNE.

Oui, impossible !... pensez-vous que je veuille accepter un tel remords ?

HENRI.

Des remords, vous !

HÉLÈNE.

Eh ! n'est-ce pas mon fol amour qui cause ce duel ? Ah ! faut-il que cette passion insensée m'apporte tant de désespoir, et que je n'aie pu l'arracher de mon cœur !

HENRI.

Hélène !

HÉLÈNE.

Oh ! tenez, Henri, toute ma fierté est tombée... je n'ai plus qu'une pensée... vous sauver... sauver mon frère... c'est moi seule qui suis coupable... oh ! pardonnez-moi, Henri... brisez notre amour... déchirez mon cœur... mais ne tuez pas mon frère !... qu'il ne soit pas non plus votre meurtrier.

HENRI.

Hélène !... c'est moi qui vous supplie !... taisez-vous, taisez-vous !... trop souvent vos larmes m'ont fait tout oublier... aujourd'hui, il ne s'agit plus de mon bonheur, de ma vie... il s'agit de mon honneur !

HÉLÈNE.

Votre honneur !... eh ! sera-t-il plus pur, si vous tuez Adrien ?... si mon frère vous frappe ?... Acceptez cette nomination... partez... partez... c'est moi-même qui vous en conjure... Vous ne répondez pas... Henri... Henri... au nom de mes larmes, de ma tendresse. (*Elle s'est appuyée sur son bras. — Apercevant Valérie qui entre par le fond.*) Valérie !

HENRI, reculant avec terreur.

Valérie !

SCÈNE XIX.

HÉLÈNE, VALÉRIE, HENRI.

VALÉRIE, entrée du fond, après avoir regardé son mari, puis Hélène.

Hélène !... oh ! mais, il n'est donc rien de sacré ?

HENRI.

Valérie !... quelle pensée !... madame venait empêcher un duel.

VALÉRIE, lui montrant rapidement la lettre d'Hélène.

Et cette lettre !... cette lettre adressée à vous, écrite par elle... au nom de son amour... son amour ! et cette femme se disait mon amie...

HÉLÈNE, tombant assise avec désespoir.

Oh ! mon Dieu ! mon Dieu !

VALÉRIE, regardant la lettre.

Oui, cette écriture... je la reconnais maintenant... comment ai-je pu me méprendre ?... ou plutôt, comment en aurais-je jamais eu la pensée ?... (*Après un silence.*) Vous vous taisez, madame... oui, vous avez raison, car vous m'avez tendu longtemps la main d'une sœur... et c'était pour mieux me tromper.

HÉLÈNE.

Valérie !...

VALÉRIE.

Mais je vous démasquerai devant tous, je montrerai cette lettre pour que chaque femme honnête vous repousse de chez elle... mais vous êtes encore là et vous souffrez qu'elle reste chez moi !...

HENRI.

Valérie !... par pitié !...

Air : *Époux imprudent, fils rebelle.*

Vous hésitez, ah ! c'est infame.
Est-ce donc moi qui dois partir ?
Près de mon fils une autre femme,
Sans remords oserait venir
Prendre ma place à l'avenir.
Non, je saurai châtier tant d'audace.
Je dois flétrir un pouvoir odieux ;
Sortez, madame, je le veux,
Sortez, sortez, car je vous chasse

HÉLÈNE, à part.

Grand Dieu !... Oh !

SCÈNE XX.

HÉLÈNE, LE BARON, VALÉRIE, HENRI.

VALÉRIE, allant à lui, il vient de gauche.

Venez, venez, il faut que vous sachiez tout... mais... mais, je n'ai plus la force... tenez... tenez... cette lettre parlera plus haut que mon indignation. (*Les larmes la suffoquent ; elle remet la lettre au baron.*)

HENRI, s'élançant.

Que fais-tu ?

HÉLÈNE, à part.

Je suis perdue ! (*Elle s'est levée, et va s'appuyer contre un fauteuil au fond, prête à sortir.*)

LE BARON, qui a pris la lettre.

Rassurez-vous... j'ai vu Adrien... il a reconnu ses torts, je suis chargé d'offrir ses excuses à monsieur d'Aubigny.

HENRI.

Monsieur !...

LE BARON.

Vous pouvez les accepter, mon ami... (*A Valérie*). Vous connaissez mon affection pour vous... je m'estime heureux d'avoir pu vous épargner un chagrin.

VALÉRIE, à part.

Et moi qui lui ai remis... (*Haut*). Oh ! cette lettre...

LE BARON.

En effet, j'oubliais.

HENRI, à part.

Grand Dieu !

VALÉRIE, vivement.

Non... non... donnez ! (*Elle la prend*),

HÉLÈNE, à part.

Que dit-elle ?

LE BARON.

Cependant... cette lettre...

VALÉRIE, traversant.

Cette lettre !... M. d'Aubigny vous l'écrivait pour refuser décidément sa nomination... son honneur exige qu'il parte... et je crois être assurée qu'il partira.

(*Dès les premiers mots, prononcés lentement, Valérie s'est approchée de la table, et elle brûle le billet à une des bougies.*)

SCÈNE XXI.

HÉLÈNE, LE BARON, OLYMPE, HENRI, VALÉRIE.

OLYMPE, entrant vivement.

C'était un faux malade !

LE BARON.

Que dites-vous ?

OLYMPE.

Oui, c'était une femme... un Polonais du corps de ballet !

VALÉRIE.

Oh ! c'est indigne !

OLYMPE.

Infâme !... je suis furieuse !... après moi surtout... avoir amené Valentin à Paris... et de force... oh ! quelle leçon !... aussi, je suis guérie de mon ambition... j'ai cru trouver la terre promise à Paris ; mais , comme Moïse, je n'ai fait que l'entrevoir. Oh ! si je pouvais retourner dans ma jolie petite ville de Crépy !... et vous cousin ?

HENRI.

Moi ! je pars pour l'Espagne... (*Regardant Valérie avec hésitation*) seul, peut-être.

OLYMPE.

Seul... allons donc... est-ce qu'une femme quitte son mari, lorsqu'elle l'aime ? est-ce que je laisserais partir Valentin sans moi ?... malgré tous ses torts, je le chéris toujours... et je lui pardonne... c'est plus raisonnable... et puis c'est si doux !...

VALÉRIE.

Tu dis vrai... Henri a voulu plaisanter... nous partons ensemble... l'avenir, je l'espère, me fera oublier le passé...

HENRI, *lui prenant la main.*

Oh ! je le jure.

LE BARON, *à Hélène.*

Que veut-elle dire ?

HÉLÈNE.

Que désormais personne ne cherchera plus à troubler son bonheur.

SCÈNE XXII.

HÉLÈNE , LE BARON , OLYMPE, HERMÈS, VALENTIN , VALÉRIE , HENRI.

(*Valentin est pâle et défait ; il a enfoncé son chapeau sur ses yeux ; Hermès de même.*)

OLYMPE.

Valentin ! quelle pâleur !

(*Après un silence.*)

LE BARON.

Votre malade ?

VALENTIN.

Mon malade !... il est mort...

OLYMPE, *avec joie, à part*

Nous sommes sauvés !

HERMÈS.

Il y avait anévrisme au cœur... la rupture a été complète.. un prince russe l'a enlevé comme propriété nationale, j'y a furieusement contribué !...

OLYMPE. *

Bon Hermès.

VALENTIN, *a part.*

Elle ignore tout...(*Haut.*) et si tu 6 veux chère amie, nous dirons adieu à Paris... maintenant que tu en connais tous les charmes ?

OLYMPE.

Dès demain. Du moins, il n'y a pas de Polonais à Crépy.

FIN

Paris. — Typ. de Mme Ve Dondey-Dupré, rue St-Louis. 46.

PROSPECTUS.

Le goût de la lecture est aujourd'hui général en Europe. Les productions spirituelles, énergiques et passionnées de l'école moderne excitent dans chaque genre les émotions les plus vives, et sont accueillies du public avec une égale faveur.

L'instruction, répandue dans toutes les classes de la société, augmente chaque jour le nombre des lecteurs. — En publiant une collection complète des principaux ouvrages de nos meilleurs auteurs modernes, nous mettrons le public à portée d'asseoir son jugement sur le mérite des genres comme sur celui des auteurs.

La modicité du prix de notre collection est encore un des services que nous aurons rendus à la littérature, en répandant les productions dans toutes les classes de la société, dans les châteaux comme dans les fermes, dans les salons comme dans les ateliers, car l'instruction aujourd'hui a pénétré partout : le riche propriétaire comme l'ouvrier appréciera le plaisir d'égayer les loisirs d'une soirée d'hiver, ou le repos d'un dimanche, par la lecture d'un de ces livres dont il a entendu parler, et qu'il lui était impossible d'acquérir au prix primitif.

Tous les auteurs dont les ouvrages ont eu quelque éclat trouveront place dans *le Musée littéraire*. On y verra représentés par leurs meilleurs ouvrages les auteurs dont les noms suivent : MM. de LAMARTINE, Alexandre DUMAS, de BALZAC, Jules JANIN, Eugène SUE, Emile de GIRARDIN, Charles de BERNARD, Frédéric SOULIÉ, Jules SANDEAU, MÉRY, Alphonse KARR, Léon GOZLAN, Félix PYAT, Emile SOUVESTRE, SCRIBE, Paul FÉVAL, Marc FOURNIER, SAINTINE, Louis DESNOYERS, Emmanuel GONZALÈS, Michel MASSON, Émile MARCO DE SAINT-HILAIRE, etc., etc.

CONDITIONS DE LA SOUSCRIPTION.

Il paraît deux livraisons par semaine, ou une série tous les quinze jours.

20 centimes la livraison, composée de 24 pages.

1 fr. 10 c. la série, composée de 120 pages, brochée en 1 vol.

ON SOUSCRIT, A PARIS,

A LA LIBRAIRIE DE

MICHEL LÉVY FRÈRES, rue Vivienne, 2 bis ;

AUX BUREAUX DU JOURNAL LE SIÈCLE, RUE DU CROISSANT, 16,

ET CHEZ TOUS LES LIBRAIRES DE FRANCE ET DE L'ÉTRANGER.

Paris. — Imprimerie de madame veuve Dondey-Dupré, rue Saint-Louis, 46, au Marais.